Karl Jaspers
Von der Weite des Denkens

AF626370

PIPER

Zu diesem Buch

Jaspers, das ist, zumal in der deutschen Philosophie, der seltene Fall eines Denkers, der mit zunehmendem Alter immer weltoffener wurde und dadurch lernfähig blieb. Als Analytiker der existentiellen Grunderfahrungen, als Metaphysiker der offenen Horizonte, als Diagnostiker des gegenwärtigen Zeitalters und als Prognostiker möglicher Zukünfte ist er bis heute modern geblieben. Modern ist vor allem sein Denken, das die Wirklichkeit verstehen lehrt und das aus diesem Verstehen die Menschen verändert. Der Philosoph und Publizist Hans Saner, von 1962 bis 1969 Assistent von Karl Jaspers, hat in diesem Band Aussagen des Philosophen gesammelt, die als Denkanstöße dienen sollen. Jaspers' Werk wollte nämlich – angesichts des Denkprozesses als unendlicher Aufgabe – keine Denklehre sein, sondern eine Schule des unabhängigen Denkens.

Karl Jaspers, am 23. Februar 1883 in Oldenburg geboren und am 26. Februar 1969 in Basel gestorben, studierte Jura, Medizin und Psychologie. Ab 1916 Professor für Psychologie, ab 1921 für Philosophie an der Universität Heidelberg. 1937 wurde er – bis zu seiner Wiedereinsetzung 1945 – seines Amtes enthoben und war von 1948 bis 1961 Professor für Philosophie in Basel.

Hans Saner, Dr. phil., Dr. h.c., geboren 1934 in Grosshöchstetten/Schweiz, war persönlicher Assistent von Karl Jaspers. Er lebt in Basel und unterrichtet dort Kulturphilosophie an der Hochschule für Musik. Für seine Schriften ist er mehrfach ausgezeichnet worden.

Karl Jaspers

Von der Weite des Denkens

Eine Auswahl aus seinem Werk

Herausgegeben und mit einem Vorwort zur Taschenbuchneuausgabe von Hans Saner

PIPER

Mehr über unsere Autoren und Bücher:
www.piper.de

Von Karl Jaspers liegen bei Piper vor:
Einführung in die Philosophie
Von der Weite des Denkens
Notizen zu Martin Heidegger
Weltgeschichte der Philosophie
Denkwege
Die maßgebenden Menschen
Strindberg und van Gogh
Was ist Philosophie
Die großen Philosophen
Kleine Schule des philosophischen Denkens
Nachlaß zur Philosophischen Logik
Der philosophische Glaube
Die Schuldfrage
Das Wagnis der Freiheit

VERANTWORTUNG • PRODUZIERT MIT VERANTWORTUNG

© Piper Verlag GmbH, Georgenstraße 4, 80799 München
www.piper.de
Für direkten Kontakt und Fragen zum Produkt wenden Sie sich bitte an: *info@piper.de*

MIX
Papier aus verantwortungsvollen Quellen
www.fsc.org FSC® C083411

Taschenbuchneuausgabe
ISBN 978-3-492-25158-7
November 1988 (TB 385) unter dem Titel: Denkwege. Ein Lesebuch
1. Auflage 2008
4. Auflage 2017
© 1983, 2008 Piper Verlag GmbH, München
Umschlaggestaltung: semper smile, München
Umschlagabbildung: Fritz Eschen / ullstein bild
Druck und Bindung: CPI Books GmbH, Leck
Printed in the EU

Inhalt

Vorwort zur Taschenbuchneuausgabe von Hans Saner

Eine kleine Sammlung von etwa 350 Kurztexten kann ein so weit ausgelegtes Denken, wie es die Philosophie von Karl Jaspers ist, nicht repräsentieren wollen. Aber sie kann einerseits geglückte Formulierungen aufgreifen, in denen das Wesen dieser Philosophie schlagartig aufleuchtet, und andererseits auf einige wesentliche Spannungen hinweisen, aus denen dieses Denken seine Intensität und Kontinuität gewonnen hat.

Die geglückten, oft geradezu aphoristischen Sätze haben durchwegs ihre Kraft nicht als Resultate eines Denkprozesses, sondern als Denkanstösse, die vorerst die Verlegenheit eher verdecken, in die sie uns bringen, sie dann aber dem Denken umso nachhaltiger offenbaren. Ein solcher Satz lautet zum Beispiel: »Was mir gelang, gelang nicht mir allein.« Was will er sagen? Gelang es mir nicht in meinem Allein-Sein, sondern nur in der Kommunikation mit einem anderen Menschen, so dass dieser Andere in mein Gelingen einbezogen ist? Oder besagt er, dass in allem Gelingen noch ein anderer Ursprung spricht als in der Fertigkeit des menschlichen Könnens, so dass wir im Gelingen uns gleichsam von diesem Ursprung her geschenkt werden? Oder meint er beides zugleich: dass nämlich dieser andere Ursprung erst in der Kommunikation hörbar wird, ohne die es kein Gelingen und kein Sich-geschenkt-Werden gäbe? Keine dieser Auslegungen ist falsch und keine ist allein richtig. Was man im Schlaglicht des Aphorismus' zu verstehen meinte, muss noch einmal verstanden werden – und dieses zweite Verstehen des Verstandenen kennt viele Wege und bleibt immer offen.

Die Spannungen andererseits, aus denen Jaspers' Philosophieren erwachsen ist, sind nicht blasse Konstrukte des Denkens, sondern antinomische Grundfragen, die sich angesichts der Endlichkeit des Menschen und der Grenzen seines Erkennens stellen. So etwa:

– Ist alles am Menschen nur Dasein und Endlichkeit, wie es die Grenzsituationen zu lehren scheinen? Oder gibt es der Möglichkeit nach etwas Ewiges im Selbstsein, das in der Transzendenz gründen kann?
– Ist das immanente Denken der Wissenschaft das einzig massgebliche Denken, an das auch die Philosophie gebunden bleibt? Oder gibt es ein methodisch bewusstes, legitimerweise transzendierendes Denken der Philosophie, das nach einer anderen Wahrheit fragt als die Wissenschaft?
– Ist aller Glaube religiöser Glaube? Oder gibt es auch einen spezifisch philosophischen Glauben, der nicht auf Ausschliesslichkeit beruht, sondern auf dem, was uns verbindet?
– Ist allein Europa der Ursprung des Philosophierens? Oder erwächst Philosophie überall, wo Menschen sind, so dass man sagen könnte: Die Philosophie sprengte die europäischen Grenzen schon immer, aber erst in der gegenwärtigen Weltsituation wird sie zur Weltphilosophie?
– Beraubt uns der Blick in die Verhängnisse des Zeitalters aller Hoffnung? Oder ist die Umkehr des Einzelnen und die Demokratisierung der Völker immer möglich?

Angesichts dieser antinomischen Fragen entschied sich Jaspers für Antworten, die das Denken nicht in eine provinzielle Enge treiben, sondern ihm die Offenheit und Weite des Möglichen geben. So sah er im Menschsein nicht allein das endliche Dasein, sondern im Dasein auch die Möglichkeit des Selbstseins, das in der Transzendenz gründet. Die Philosophie hielt er nicht allein für ein sachkundiges Denken, wie die Wissenschaften es sind, sondern für ein die Sachkunde überschreitendes Denken, das im Transzendieren gerade seine Aufgabe und Bestimmung findet. Er postulierte die Eigenständigkeit des philosophischen Glaubens und liess in ihm die Frage nach der Transzendenz nicht fallen, sondern versuchte zu denken, was die Gründung der Existenz in der Transzendenz für die Freiheit des Menschen bedeuten könnte. Die Eurozentrie der Philosophie hielt er für einen Mythos, der durch den Befund der Achsenzeit aufgehoben wurde, während der Befund selber zum Ausgangspunkt der Idee einer künftigen Weltphilosophie wurde. Unter ihr verstand er nicht etwa eine Philosophie, die in aller Welt vorherrschend werden sollte, sondern ein Philosophieren, das fähig wird, die ungleichen Wege des Denkens in der planetarischen Weite zu verstehen. Und schliesslich: Wie grausam die Leiden an der Gegenwart und der Blick zurück in die Geschichte auch sein mochten: Jaspers verlor die Hoffnung niemals ganz, dass eine Umkehr noch möglich ist. Für ihn begann sie im äusseren und inneren Handeln des Einzelnen. Das innere Handeln aber ist das Denken.

Das lässt aufhorchen. Offenbar ist das Philosophieren nicht nur ein Denken des Allgemeinen, sondern auch ein Handeln, das auf die Existenz des Einzelnen einwirkt. Jaspers hat dafür eine schöne Metapher geschaffen: Das Philosophieren hat gleichsam zwei Flügel. Der eine schlägt in der Lehre eines Allgemeinen und der andere in der Existenz des Einzelnen. Nur beide Flügel gemeinsam gewinnen den Aufschwung. Wenn unser Philosophieren sich also in die Weite des Denkens vorwagt: Was tun wir dann und was geschieht uns im Denken? Wir gehen Wege aus dem feststellbaren So-Sein in die Vielzahl der Möglichkeiten, aus der Sachkunde in die philosophischen Ideen, aus der provinziellen Enge in die planetarische Weite, aus dem Dunkel des Nicht-Wissens in die noch mögliche Erhellung und aus den Zwängen der Notwendigkeit in die Freiheit. Indem wir all dies denkend tun, wirkt dieses Denken auf uns ein, und zwar mit einer nicht geringen Macht, die uns ergreift. Und erst beides: das Allgemeine in der Weite des Denkens und die Ergriffenheit von ihm, öffnen uns als denkende Existenzen und machen uns fähig zur Verlässlichkeit des Handelns.

Basel, im Dezember 2007 Hans Saner

Anmerkung: Die Quellen für die abgedruckten Texte sind jeweils durch Kürzel (Siglen) angegeben, die im Anhang erklärt werden.

1. Grunderfahrungen des Menschseins

Grunderfahrungen des Sichfindens

Die Grunderfahrungen des Sichfindens in der Welt waren diese: *Ich bin da* in meiner Umwelt, unter den Mächten und Kräften in Raum und Zeit, mich behauptend und erliegend.

Ich bin denkend. Es gibt die zwingende Richtigkeit für das Denken im Bewußtsein überhaupt.

Es erwächst eine Welt der Phantasie, an mich herankommend und durch mich hervorgebracht: *ich bin Geist*.

Das Gesamte aus diesen drei Ursprüngen ist die *Welt*. Sie tut der Frage, wie ich mich in der Welt finde, aber nicht genug. Denn ich bin mir meiner Freiheit bewußt, in der ich zu mir komme als mögliche *Existenz*. Im Bewußtwerden meiner Freiheit wird mir die Macht gewiß, von der ich mir in meiner Freiheit geschenkt werde, die *Transzendenz*. Ich bin nicht durch mich selbst. Ich habe mich nicht selbst geschaffen.

Es ist der Sprung zwischen Immanenz und Transzendenz: dort Dasein, Bewußtsein überhaupt, Geist und Welt – hier Existenz und Transzendenz. *(PGO 122)*

Die Wirklichkeit der Existenz

Warum liebe ich? Warum glaube ich? Warum bin ich entschlossen?

Diese Fragen sind nie, mag man noch so viele Voraussetzungen, Bedingungen, Motive des Erscheinens in der Welt angeben, beantwortbar. Jede Antwort macht die radikale Unbeantwortbarkeit bewußt.

Es gibt zwar kein sinnvolles Verbot zu fragen, wohl aber

die Erfahrung des Klarwerdens: die Wirklichkeit der Existenz ist für unser Erkennen grundlos.

Was sich so in seiner Grundlosigkeit zeigt, ist Ursprung für uns, aber kein Gegenstand, keine Feststellbarkeit, keine Sichtbarkeit. *(PGO 121)*

Existenz und Transzendenz

Existenz ist das Selbstsein, das sich zu sich selbst und darin zu der Transzendenz verhält, durch die es sich geschenkt weiß, und auf die es sich gründet. *(EP 17)*

Sich geschenkt werden – sich sich selbst verdanken

Der Mensch findet sich nicht vor als vernünftig, sondern kehrt sich aus seinem ihm gegebenen Dasein gleichsam um. Er gelangt aus eigener Freiheit, nicht von selbst, auf den Weg der Vernunft.

Daß er es kann, ist ein Geheimnis. Er verdankt sich sich selbst und weiß doch nicht, wie er dazu fähig war. Er sieht die Grenze seiner Freiheit, daß er erst wollen kann, wenn er frei ist, aber nicht die Freiheit wollen kann. Daher weiß er sich selbst gleichsam geschenkt, ohne zu wissen, zu erfahren, durch irgendein verläßliches Erlebnis zu spüren, daß er einer anderen Macht sich verdankt. Er weiß sich selbst geschenkt, ohne den Ursprung zu wissen – ein Geschenktsein, das den Charakter hat, sich darin sich selbst zu verdanken, alle Anspannung, Offenheit, guten Willen fordernd. *(VW 42)*

Selbstsein als das Wunderbare

Das Wunderbare, das einzige eigentlich Seiende, das mir begegnet, ist der Mensch, der er selbst ist. *(PII 44)*

Existenz und ratio

Durch die ratio bin ich zwar nicht ich selbst, aber *ohne* sie kann ich es nicht werden. *(PII 53)*

Situationen und Grenzsituationen

Vergewissern wir uns unserer menschlichen Lage. Wir sind immer in Situationen. Die Situationen wandeln sich, Gelegenheiten treten auf. Wenn sie versäumt werden, kehren sie nicht wieder. Ich kann selber an der Veränderung der Situation arbeiten. Aber es gibt Situationen, die in ihrem Wesen bleiben, auch wenn ihre augenblickliche Erscheinung anders wird und ihre überwältigende Macht sich in Schleier hüllt: ich muß sterben, ich muß leiden, ich muß kämpfen, ich bin dem Zufall unterworfen, ich verstricke mich unausweichlich in Schuld. Diese Grundsituationen unseres Daseins nennen wir *Grenzsituationen*. Das heißt, es sind Situationen, über die wir nicht hinaus können, die wir nicht ändern können. Das Bewußtwerden dieser Grenzsituationen ist nach dem Staunen und dem Zweifel der tiefere Ursprung der Philosophie. *(E 20 f.)*

Erschütterung durch Grenzsituationen

Situation wird zur *Grenzsituation,* wenn sie das Subjekt durch radikale Erschütterung seines Daseins zur Existenz erweckt. *(PI 56)*

Grenzsituationen erfahren

Als Dasein können wir den Grenzsituationen nur ausweichen, indem wir vor ihnen die Augen schließen. In der Welt wollen wir unser Dasein erhalten, indem wir es erweitern; wir beziehen uns auf es, ohne zu fragen, es meisternd und genießend oder an ihm leidend und ihm erliegend; aber es bleibt am Ende nichts, als uns zu ergeben. Auf Grenzsituationen reagieren wir daher sinnvoll nicht durch Plan und Berechnung, um sie zu überwinden, sondern durch eine ganz andere Aktivität, das *Werden der in uns möglichen Existenz;* wir werden wir selbst, indem wir in die Grenzsituationen offenen Auges eintreten. Sie werden, dem Wissen nur äußerlich kennbar, als Wirklichkeit nur für Existenz fühlbar. Grenzsituationen erfahren und Existieren ist dasselbe. *(P II 204)*

Das Heer der Leiden

Das Heer der Leiden, die in manchen Situationen sich in den Vordergrund drängen, in anderen souverän übergangen, aber doch nie ignoriert werden können, ist unübersehbar. Die körperlichen Schmerzen, die immer wieder ertragen werden müssen; – die Krankheiten, welche nicht nur das Leben in Frage stellen, sondern den Menschen lebend unter sein eigenes Wesen sinken lassen; – die ohnmächtige Anstrengung, die zusammenbricht im Willen zur Überwindung und statt des wirklichen Gesichts meines Wesens unvermeidlich ein verzerrtes in die Erscheinung treten läßt; – geisteskrank werden, sich dessen bewußt sein und in einen kaum nachzuerlebenden Zustand geraten, ohne zu sterben sich selbst zu verlieren; – das krankhafte Altern im Sinne der Verkümmerung; – die Vernichtung durch die Macht anderer und die Folgen der Abhängigkeit in jeder Form der Sklaverei; – das Hungernmüssen. – Leiden ist Einschränkung des Daseins, Teilvernichtung; hinter allem Leiden steht der Tod. In der Art des Leidens und dem Maße des Gequältwerdens sind wohl die größten Unterschiede. Doch schließlich kann alle dasselbe treffen und jeder hat sein Teil zu tragen, keinem wird es erspart. *(P II 230)*

Ausweichen vor dem Leiden

Dasein, das der Notwendigkeit des Leidens nicht ins Angesicht blicken möchte, muß Wege der Täuschung suchen. Ich *weiche dem Leiden aus* ... Statt in aller Anstrengung um die Tilgung der Leiden klar zu sein über die Grenze ihrer Unaufhebbarkeit, gebe ich mit der Klarheit zugleich die vernünftige und wirksame Bekämpfung meiner Leiden auf, indem ich blindwütig nur Schuld in bösem Willen und in Dummheit Anderer behaupte und meinen Trost habe in dem passiven Gedanken an das Ende der Leiden, das mit der bloßen Vernichtung des schuldigen Bestehenden eintreten soll. Oder ich weiche dem Anderen gegenüber dem Leiden aus, indem ich mich fernhalte, mich von einem Menschen rechtzeitig zurückziehe, wenn sein Elend unheilbar wird. So erweitert man die Kluft, die zwischen Glücklichen und Leidenden sich auftut, durch Erstarren, Verschweigen; man wird gleichgültig und rücksichtslos, ja man verachtet und haßt schließlich den Leidenden, wie manche Tiere kranke Genossen zu Tode quälen. *(P II 231)*

Leiden als Grenzsituation

Das Leiden gewinnt für den Menschen als Situation einen neuen Charakter, wenn es *als Letztes, als Grenze, als Unabwendbares begriffen* wird. Das Leiden ist nichts Einzelnes mehr, sondern gehört zur Totalität. *(PW 251)*

In der Grenzsituation erst kann es das Leiden als unabwendbar geben. Jetzt ergreife ich mein Leiden als das mir gewordene Teil, klage, leide wahrhaftig, verstecke es nicht vor mir selber, lebe in der Spannung des Jasagenwollens und des nie endgültig Jasagenkönnens, kämpfe gegen das Leiden, es einzuschränken, es aufzuschieben, aber habe es als ein mir fremdes doch als zu mir gehörig, und gewinne weder die Ruhe der Harmonie im passiven Dulden noch verfalle ich der Wut im dunklen Nichtverstehen. Jeder hat zu tragen und zu erfüllen, was ihn trifft. Niemand kann es ihm abnehmen. *(P II 231)*

Mein Leid ist nicht mehr zufällig das Verhängnis meiner Verlassenheit, sondern Daseinserscheinung der Existenz. *(P II 232)*

Kampf als Grundform der Existenz

Der Kampf ist eine Grundform aller Existenz. Alles was existiert braucht Platz und materielle Bedingungen; beide nimmt es anderen möglichen Existenzen fort. Im Biologischen besteht der *Kampf ums Dasein* passiv – in scheinbarer Ruhe bestehender Kraftverhältnisse – und aktiv *um Wachstum, Mehrwerden, Macht.* Ohne solchen Kampf gibt es, wenn die Situation auch noch so verdeckt ist, nicht die materiellen Bedingungen der Existenz, auch nicht beim Menschen, bei dem der Kampf oft vom Individuum auf Gruppen, Klassen usw. abgeschoben und dem Einzelnen nicht immer als Kampf fühlbar ist. *(PW 257)*

Kampf als Grenzsituation

Zunächst könnte *die Grenzsituation* der Gebundenheit von Dasein an Kampf durch Gewalt *bestritten* werden. Die

Welt zeigt überall Hilfe, Verständnis, Vereinbarung, Geltenlassen, Raum für alle. Jedoch läßt sich empirisch kein Fall menschlichen Zusammenlebens aufzeigen, das Dauer hätte und nicht an der Grenze auf Gewalt und Macht beruhte, nach außen wie nach innen. Man könnte aber antworten: wenn es empirisch nicht zu finden sei, so sei es Aufgabe, es hervorzubringen. Auf Erfahrung dürfe man sich nicht berufen, wo der Wille zum Ideal erst schaffe, was dann auch für Erfahrung da sein könne. Dagegen ist jedoch hinzuweisen auf die Erfahrung von allgemeinen tatsächlichen Notwendigkeiten des Daseins: die natürliche Bevölkerungsvermehrung; den bei größter Erweiterung doch noch immer begrenzten Nahrungsspielraum; die für das Dasein irgendwo notwendigen, doch ruinösen Arbeiten; die ungeheure Artverschiedenheit der Menschen, die niemals Gegenstand objektiver, allen einleuchtender Feststellung wird, woraus sich die Unmöglichkeit einer Verteilung aller Aufgaben und Arbeiten nach dieser Artverschiedenheit ergibt. Alles das wird die Grundlage für die negative Feststellung: die Einrichtung des menschlichen Daseins als richtige würde selbst dann nicht stimmen, wenn eine vollkommene menschliche Einsicht als lenkend angenommen würde.

(P II 239)

Schuld als Grenzsituation

Es ist möglich, die Schuld als etwas Endliches, als etwas Vermeidbares anzusehen, es ist möglich, nur einzelne Verschuldungen, nicht die wesenhafte Schuld zu erfassen; dann steht der Mensch hier nicht in der Grenzsituation, sondern gestaltet in einem ethischen Optimismus ein Leben, das er als möglicherweise frei von Schuld empfindet: Der Stoiker gewinnt ein Bewußtsein ethischer Selbstsicherheit, das vom Standpunkt der Grenzsituation aus gesehen als ein Verharren im Endlichen, als eine Blindheit gegen die Antinomien und als Hochmut des endlichen Menschen angesehen wird. Hier an dieser Grenzsituation wird dem Menschen an die eigene Wurzel gegriffen. Während der Stoiker in allen Wirbeln der Zerstörung und des Unsinns sich selbst in ethischer Selbstgewißheit als festen Halt hat (nicht als Persönlichkeit, sondern als Schema und Formel), wird hier gerade dieser letzte Halt noch genommen: Die Wurzel eines selbständigen eigenen Werts und Sinns wird zerstörend erfaßt und der Mensch in vollkommene Verzweiflung gebracht. Es ist das Erlebnis der tiefsten religiösen Menschen, Augustins, Luthers, auch Kierkegaards. *(PW 273 f.)*

Ich bin ich selbst als schuldig

Ich bin ich selbst, aber als schuldig. Jetzt kann ich nur leben in der Spannung, in der ich den Aufschwung suche. Es handelt sich nicht mehr darum, schuldlos zu werden, sondern vermeidbare Schuld auch wirklich zu meiden, um zur eigentlichen, tiefen, unvermeidbaren Schuld zu kommen – aber auch hier, ohne Ruhe zu finden. *(PII 248 f.)*

Die Schuld für das Schuldigwerdenkönnen

Was oder wer ist schuld daran, daß die Übel in der Welt sind, und daß ich böse, daß ich schuldhaft werden kann? Die Frage nach der Schuld für das Schuldigwerdenkönnen richtet sich an jenen Ursprung, der vor mir liegt, durch den ich bin, denn ich habe mich ja nicht selbst geschaffen. Schuldig ist der Mensch. Aber liegt die Schuld für sein Schuldigwerdenkönnen in ihm selber? *(ChT 26)*

Die Schuld und das Böse

Der Schuldgedanke ist menschlich universell. Er wird verflacht, wenn Schuld aufgeht in Irrtum, Unzweckmäßigkeit, Verwirrung. Die Wucht des Schuldgedankens ist nur dort, wo es das Böse gibt. Ohne dieses ist am Ende alle Reue nur Ärger über ein Handeln, das für mich unerwünschte Folgen hatte. Das Gewissen in seiner aufrüttelnden Stimme, die den Menschen, indem sie ihm seinen Boden nimmt, mit der Tiefe der Transzendenz in Fühlung bringt, spricht nur, wo der Mensch um das Böse weiß. *(W 537 f.)*

Leben ist nicht ohne das Böse

Es ist die Frage, ob ein Leben ohne das Böse überhaupt möglich ist. Man hat sogar gesagt, nur wo die Kraft des Bösen gegenwärtig sei, entstehe die große Leistung, die große Schöpfung.

Gerade die Bösen sind oft die Wahrhaftigen, dadurch daß sie Tatsachen unbefangen sehen, die die anderen sich verschleiert hatten. Die Bösen erzielen ihre großen Erfolge, weil sie bisher unberücksichtigte Realitäten ergreifen und benutzen. Jeder solche Erfolg ist nicht nur Schuld des Bösen, sondern ebensosehr die Schuld derer, die sich für gut hielten und die Realität falsch, sich selbst falsch sahen. Leichtsinn und Angst und ein heimliches Nutzen vorteilhafter Zufallssituationen zur Ausbeutung anderer ist bei den Guten, was sie selber böse macht. Wobei die Grenze der Wahrhaftigkeit der Bösen darin liegt, daß diese wiederum nicht sehen, was auch Tatbestand ist. Mit ihrem Erfolg bereiten sie doch die Katastrophe vor, die sie dann gemeinsam mit den Guten verschlingt. Das ist nicht wesentliches Scheitern, sondern Zerstörung, in der nichts offenbar wird als die Zerstörung selbst. *(W 534)*

Das Böse ist der Wille zum Nichts

Gut und böse sind ... *nicht inhaltlich bestimmbar,* sondern alle inhaltlichen Möglichkeiten beiden eigen. Es sind nicht bestimmte Werke als solche gut oder böse, sondern der Wille will oder vernichtet im Wollen von Etwas eigentliches Sein.

Das Böse als sich wollendes Dasein, das sich verabsolutierend gegen die eigene existentielle Möglichkeit kehrt, erscheint im Haß gegen alles, was Wahrheit aus möglicher Existenz zeigt: gegen die Unbedingtheit in der Geschichtlichkeit als Adel des Seins. Es schließt sich ein in Kommunikationslosigkeit. Indem es das Eigendasein in seiner Nichtigkeit will, ist es der *Wille zum Nichts.* *(P II 171)*

Das Böse in moralpathetischer Gestalt

Es ist eine immer wieder erstaunliche Parodie, daß das Böse am entschiedensten in moralpathetischer Gestalt begegnen kann. Diese Rolle eines *gespenstigen Doppelgängers* geht durch alles Sein der Freiheit im Dasein als eine unauslöschliche Zweideutigkeit. Das Böse ist in seinem Scheitern wie eine unbegreifliche Fratze des echten Scheiterns möglicher Existenz als Erscheinung im Dasein; seine verzweifelte Entschlossenheit ist wie eine Mimikry des existentiellen Entschlusses, seine Selbstzufriedenheit in der Betrachtung seines Daseins die Mimikry der Selbstliebe des von sich fordernden adligen Wesens des eigentlichen Selbst. *(P II 174)*

Gutes Gewissen

Das gute Gewissen im Partikularen ist eine rationalistische Selbsttäuschung, die sich zufrieden gibt, das jeweils nach dem Verstande Richtige getan zu haben; darin wird alles Dunkle, aber Wirkliche ignoriert. Das gute Gewissen im ganzen ist unmöglich, da das Ganze nie rein aufgeht. Das aus dem Gewissen kommende Handeln überwindet nicht die Schuld; vielmehr ist sie als ein bleibendes Nichtstimmen in der Erscheinung des Seins der nie aufhörende Stachel des Gewissens. *(P II 272)*

Ich spreche zu mir im Gewissen

Im Gewissen spricht eine *Stimme* zu mir, die *ich selbst* bin. Sie ist nicht einfach jeden Augenblick da; ich muß hören können, um ihr leises Wecken zu vernehmen; ich muß in der Unbestimmtheit warten können, wenn sie schweigt; ihre Forderung kann dann wieder unabweisbar da sein; ich höre sie laut und habe Mühe, sie zu übertäuben, wenn ich gegen sie handeln will. Es ist wie in einer Zerspaltenheit meines Seins die Kommunikation meiner mit mir selbst, Ansprechen meines empirischen Daseins durch den Ursprung meines Selbstseins. Niemand ruft mich an; ich selbst spreche zu mir. Ich kann mir weglaufen und kann zu mir halten. Aber dies Selbst, das ich eigentlich bin, weil ich es sein könnte, ist nicht schon da, sondern spricht aus dem Ursprung her, mich in der Bewegung zu führen; es schweigt, wenn ich in der rechten Bewegung bin, oder wenn ich mich ganz verloren habe. *(P II 268)*

Reinheit der Seele

Ich habe nicht nur Schlacken abzuwerfen, sondern muß, sofern ich lebe, stets andere sich bilden sehen. Ich weiß gar nicht, was meine reine Seele ist, um die ich als mögliche Existenz mich kümmere, sondern werde zurückgeworfen auf mein konkretes Gewissen, das mich führt und in irgendeinem Sinne in meinen innersten Gefühlen auch schuldig findet. Reinheit der Seele ist die Wahrheit der Existenz, die im Dasein die Unreinheit wagen und verwirklichen muß, um stets schuldig die Verwirklichung der Reinheit als unendliche Aufgabe in der Spannung des Zeitdaseins zu ergreifen.

(P II 246f.)

Selbstreflexion ist beliebig

Selbstreflexion, *losgelöst von ihrem Boden* als der Möglichkeit des Selbstseins, wird beliebig: ich beobachte mich, stelle in Frage, erörtere Möglichkeiten, wie es grade kommt. Richte ich mich dagegen in meinem wirklichen Dabeisein reflektierend auf meine früheren Vollzüge und gegenwärtigen Haltungen, so will ich im inneren und äußeren Handeln zu Entscheidungen kommen. Denn ich weiß: Ich bin, was ich werde; nicht, als was ich wie das nur Lebendige passiv wachse, sondern, als was ich im Medium der Selbstreflexion zu mir kommend mich selbst will.

(P II 40)

Gefühle

Unsere dunklen Gefühle verdienen nicht ohne weiteres Vertrauen. Unmittelbarkeit ist zwar die eigentliche Wirklichkeit, ist die Gegenwärtigkeit unserer Seele. Aber Gefühle sind nicht wie vitale Gegebenheiten einfach da. Sondern sie sind vermittelt durch unser inneres Handeln, unser Denken, unser Wissen. Sie werden vertieft und geklärt in dem Maße als wir denken. Auf das Gefühl als solches ist kein Verlaß. Sich auf Gefühle zu berufen ist die Naivität, die der Objektivität des Wißbaren und Denkbaren ausweicht. Erst nach allseitigem Durchdenken und Vergegenwärtigen einer Sache, ständig begleitet, geführt und gestört von Gefühlen, kommen wir zum wahren Gefühl, aus dem wir jeweils verläßlich zu leben vermögen. *(S 30)*

Zufall als Letztes

Immer bleibt *auch* der Zufall etwas Letztes.

Diesen Zufall erlebt der Einzelmensch in seinem Leben, sofern er darüber nachdenkt und den Sinn finden möchte, als unheimliche Tatsächlichkeit überall: eine Liebe, die ihm das metaphysische Bewußtsein gibt: »denn du warst vor abgelebten Zeiten meine Schwester oder meine Frau«, ist an das zufällige Treffen im Leben gebunden; das eigene Dasein an den Zufall, daß die Eltern sich getroffen haben; die Lebensschicksale an zufällige Gegebenheiten: der ökonomischen Lage, der Erziehung, des Zusammentreffens mit geeignetem Milieu, des Findens der »Aufgaben«. Ob die Ereignisse fördernd oder zerstörend sind, der Mensch sieht sich gefesselt an solche Zufälle, die nicht in seiner Macht stehen, mag er nachträglich die Abhängigkeiten dessen, was er ist, von solchen Zufällen sich vergegenwärtigen, mag er in die Zukunft hinein das Bewußtsein von den kommenden, ihrer ganzen Art nach ihm noch unbekannten Zufällen haben, mag er einen ganz konkreten Zufall erwarten und ihn entscheiden sehen. *(PW 271)*

Zufall und Zusammenhang im Schicksal

Der Mensch empfindet in seinem Schicksal einen Zusammenhang, die Zufälle alle haben einen Faden, an dem sie zusammengehören. Das Schicksal hat einen gefühlten Sinn und in der vollendeten Biographie eine darstellbare Totalität. Der Mensch fühlt sich etwa unter einem Stern, erlebt sich als vom Glück begünstigt (z. B. Sulla »felix«; auch Cäsar nannte sich felix). Die auf den ersten wertenden Blick als zufällig angesehenen Ereignisse haben doch einen zusammenhängenden Sinn, sie ordnen sich für einen Menschen zusammen, der darin je nach seiner gesamten Haltung Tyche, Fatum, Schicksal, Verhängnis, Nemesis sieht. Man könnte – und mit weitgehendem Recht – rein empirisch sagen: Aus der Unzahl der Zufälle wähle eine aktive, lebendige menschliche Anlage eben das ihr Gemäße aus. Was dem einen Zufall sei, der gleichgültig vorbeigehe, werde dem anderen Schicksal. Das Schicksal sei nur Verarbeitung heterogenster Ereignisse durch die auswählende, akzentuierende, darauf reagierende einheitliche Individualität. So oft man das in Einzelfällen durchführen kann, der lebendige Mensch empfindet es gerade im ganzen nicht so. Unbegreifliche Zufälle, Unglücks- und Glückszufälle machen sein Leben. Sein eigenes Dasein ist zufällig, und er kann von sich selbst, wie d'Alembert von der Welt, sagen: Das Unbegreiflichste ist, daß ich existiere. *(PW 272)*

Zufall als erfahrene Grenzsituation

Die geschichtliche Bestimmtheit in der Grenzsituation wird, *statt nur Zufall* zu sein, *Erscheinung* dieses Seins, das mein Verstand nicht faßt, während es *als Ewigkeit in der Zeit* mir gewiß werden kann. *(P II 217)*

Ich und die Umstände gehören zusammen. *(P II 218)*

Es wagen, glücklich zu sein

Wäre *nur Glück* des Daseins, so bliebe mögliche Existenz im Schlummer. Es ist wunderlich, daß das reine Glück leer wirkt. Wie Leiden das faktische Dasein vernichtet, so scheint Glück das eigentliche Sein zu bedrohen. Im Glücklichsein ist ein Selbsteinwand durch ein Wissen, das es nicht bestehen läßt. Das Glück muß in Frage gestellt sein, um als wiederhergestellt erst eigentlich Glück zu werden; die Wahrheit des Glücks ersteht auf dem Grunde des Scheiterns.

Der Mensch, leichter er selbst im Unglück als im Glück, muß paradoxerweise *es wagen, glücklich zu sein. (P II 231 f.)*

Aus der Not eine Tugend machen

Man sagt: aus der Not eine Tugend machen. Wer zu verlieren erwartet, hat die Neigung, moralisch zu werden, seinen Charakter zu betonen und in seinem Nachteil sein Verdienst, eine Bestätigung seines Charakters zu sehen und vor anderen zur Geltung zu bringen. Während es sich doch zeigt, daß er jeden Anstand sogleich verrät, wenn er sich vor Nachteil und Verlust retten kann. Dieser Zusammenhang ist so häufig, daß moralische Reden als solche Verdacht erwecken müssen. *(W 493)*

Die unbedingte Forderung

Die unbedingte Forderung tritt an mich heran als die Forderung meines eigentlichen Seins an mein bloßes Dasein. Ich werde meiner inne als dessen, was ich selbst bin, weil ich es sein soll. Dieses Innewerden steht dunkel am Anfang, hell am Ende meines unbedingten Tuns. Ist das Innewerden im Unbedingten vollzogen, so hört in der Gewißheit des Seinssinnes das Fragen auf – wenn auch in der Zeit alsbald das Fragen wieder entsteht und in verwandelter Situation die Gewißheit immer von neuem erworben werden muß.

Dieses Unbedingte steht vor allem Zweckhaften als das, was die Zwecke setzt. Das Unbedingte ist daher nicht das, was gewollt wird, sondern das, woraus gewollt wird.

Das Unbedingte als Grund des Handelns ist daher nicht Sache der Erkenntnis, sondern Gehalt eines Glaubens. Soweit ich die Gründe und Ziele meines Handelns erkenne, bleibe ich im Endlichen und Bedingten. Erst, wo ich aus einem nicht mehr gegenständlich Begründbaren lebe, lebe ich aus dem Unbedingten. *(E 54)*

Der eigene Tod

Die Beziehung des Menschen zum eigenen Tode ist von der zu aller anderen Vergänglichkeit verschieden, nur das Nichtsein der Welt überhaupt ist eine vergleichbare Vorstellung. Alle Arten der Vergänglichkeit kann er als vollzogen erfahren, er kann nachher dazu stehen, während nur das Zugrundegehen des eigenen Wesens oder der Welt überhaupt für den Menschen *totalen* Charakter hat. *(PW 261)*

Der Tod des Nächsten

Der Tod des Nächsten, des geliebtesten Menschen, mit dem ich in Kommunikation stehe, ist im erscheinenden Leben der tiefste Schnitt. Ich bin allein geblieben, als ich, im letzten Augenblick den Sterbenden allein lassend, ihm nicht folgen konnte. Nichts ist rückgängig zu machen; für alle Zeit ist es das Ende. Der Sterbende läßt sich nicht mehr ansprechen; jeder stirbt allein; die Einsamkeit vor dem Tode scheint vollkommen, für den Sterbenden wie für den Bleibenden. Die Erscheinung des Zusammenseins, solange Bewußtsein ist, dieser Schmerz des Trennens, ist der letzte hilflose Ausdruck der Kommunikation.

Aber diese Kommunikation kann so tief gegründet sein, daß der Abschluß im Sterben selbst noch zu ihrer Erscheinung wird und Kommunikation ihr Sein als ewige Wirklichkeit bewahrt. Dann ist Existenz in ihrer Erscheinung verwandelt; ihr Dasein ist durch einen *Sprung* unwiderruflich vorangeschritten. Bloßes Dasein kann vergessen, kann sich trösten, dieser Sprung aber ist wie die Geburt eines neuen Lebens; der Tod ist in das Leben aufgenommen. Das Leben erweist die Wahrheit der Kommunikation, die den Tod überdauert, indem es sich verwirklicht, wie es durch Kommunikation wurde und nun sein muß. Der eigene Tod hat aufgehört nur der leere Abgrund zu sein. Es ist, als ob ich mich in ihm, nicht mehr verlassen, der Existenz verbinde, die mir in nächster Kommunikation stand. *(P II 221)*

Stellung zum Tod

Es gibt nicht eine beharrende, als richtig auszusagende Stellung zum Tode. Vielmehr wandelt sich meine Haltung zum Tode in Sprüngen neuen Erwerbens durch das Leben, so daß ich sagen kann: *der Tod wandelt sich mit mir.* Darum ist es kein Widerspruch des Menschen mit sich selbst, wenn er mit allen Fasern seines Wesens am Leben hängt, jede Wirklichkeit des Daseins dem schattenhaften Nichtsein vorzieht, und wenn er das Leben, es noch in seiner Widersprüchlichkeit und Narrheit liebend, verachtet; wenn er am Tode zu verzweifeln scheint und sich angesichts des Todes seines eigentlichen Seins bewußt wird; wenn er nicht begreift und doch vertraut; wenn er das Nichts sieht und doch eines Seins gewiß ist; wenn er den Tod als Freund und Feind erblickt, ihn meidet und ihn ersehnt. Der Tod ist nur als ein Faktum eine immer gleiche Tatsache, in der Grenzsituation hört er nicht auf zu sein, aber er ist in seiner Gestalt wandelbar, ist so, wie ich jeweils als Existenz bin. Er ist nicht endgültig, was er ist, sondern aufgenommen in die Geschichtlichkeit meiner sich erscheinenden Existenz.

(P II 229)

Handeln angesichts des Todes

... was *angesichts des Todes wesentlich* bleibt, ist existierend getan; was *hinfällig* wird, ist bloß Dasein. Es ist wie Versinken der Existenz, wenn ich angesichts des Todes nichts mehr wichtig finden kann, sondern nihilistisch verzweifle; der Tod ist nicht mehr Grenzsituation, wenn er die objektive Vernichtung als das übermächtige Unglück ist.

(P II 223)

Jenseitsvorstellungen

Tapferkeit angesichts des Todes als des Endes von allem, was mir wirklich als sichtbar und erinnerbar ist, wird auf ein Minimum reduziert, wenn durch sinnliche Jenseitsvorstellungen der Tod als Grenze aufgehoben und zu einem bloßen Übergang zwischen den Daseinsformen gemacht wird. Er hat den Schrecken des Nichtseins verloren. Es hört das wahrhafte Sterben auf. Die Süße des Daseins, die verschwinden zu sehen dem natürlichen Lebenswillen so furchtbar ist, wird in anderer Gestalt wieder sichtbar, die Hoffnung durch Garantien autoritativer Art fast zu einem Wissen. Der Tod ist überwunden um den Preis des Verlustes der Grenzsituation. Dagegen ist Tapferkeit, wahrhaft zu sterben ohne Selbsttäuschungen. *(P II 225)*

Tapferkeit und Geborgenheit im Tod

Tod war weniger als Leben und forderte Tapferkeit. Tod ist mehr als Leben und gibt Geborgenheit. *(P II 229)*

Haltung zu den Toten

Nur für den trivialen Realismus sind die Toten tot.

(WP 65)

Wunderbar: der Lebendigste ist, wer bei den Toten zu Hause ist, und arm an Leben wird, wer die Toten vergißt.

(WP 64)

Lebensangst

Eine vielleicht so noch nie gewesene Lebensangst ist der unheimliche Begleiter des modernen Menschen. Er hat Angst um sein vitales Eigendasein, das, stets bedroht, stärker als jemals in das Zentrum der Aufmerksamkeit getreten ist; und er hat die ganz andere Angst um sein Selbstsein, zu dem er sich nicht aufschwingt.

Die Lebensangst wirft sich auf den *Körper*. Trotz erweiterter Chancen in bezug auf Lebensdauer herrscht ein immer nur zunehmendes Gefühl auch der vitalen Unsicherheit. Ärztliche Behandlung wird weit über das medizinisch-wissenschaftlich Sinnvolle hinaus beansprucht. Ist das Dasein seelisch nicht mehr aufnehmbar, unerträglich in der Unmöglichkeit, auch nur seine Bedeutungen zu fassen, so flieht der Mensch in seine Krankheit, die ihn wie ein Übersehbares schützend aufnimmt. Denn der Mensch bedarf in den Grenzsituationen, die als bloße Daseinserfahrungen ihn innerlich zerbrechen, entweder des Selbstseins der Freiheit oder eines objektiven Halts.

Angst steigert sich zu dem Bewußtsein, wie ein verlorener Punkt im leeren Raum zu versinken, da alle menschlichen Beziehungen nur auf Zeit zu gelten scheinen. Auf kurze Zeit nur läuft eine Menschen zur Gemeinschaft bindende Arbeit. In den erotischen Beziehungen wird die Frage nach dem Verpflichtenden gar nicht erst gestellt. Auf niemanden ist

Verlaß, ich selbst binde mich nicht absolut an einen anderen. Wer nicht teilnimmt an dem, was alle tun, ist allein gelassen. Die Drohung des Preisgegebenseins erzeugt das Bewußtsein eigentlicher *Verlassenheit,* das den Menschen aus seiner leichtsinnigen Augenblicklichkeit zu zynischer Härte und dann in die Angst treibt. Dasein überhaupt scheint nichts als Angst zu sein.

In der Daseinsordnung werden die *Veranstaltungen* getroffen, um vergessen zu machen und *zu beruhigen*. Organisationen schaffen ein Bewußtsein von Zugehörigkeit. Der Apparat verspricht Sicherheiten. Ärzte reden dem Kranken oder Sichkrankglaubenden den Tod aus. Jedoch es hilft nur für Zeiten, in denen es dem Einzelnen gut geht. Daseinsordnung kann die Angst nicht bannen, die jedes einzelne Dasein um seinen Bestand hat. Diese Angst wird nur gebändigt durch die Angst der Existenz um ihr Selbstsein, die sie zu religiösem oder philosophischem Aufschwung bringt. Die vitale Angst muß wachsen, wenn Existenz gelähmt wird. Eine restlose Herrschaft der Daseinsordnung würde den Menschen als Existenz vernichtet haben, ohne ihn als vitales Dasein jemals beruhigen zu können. Die verabsolutierte Daseinsordnung bringt vielmehr die unbeherrschbare Lebensangst erst hervor. *(GSZ 56 ff.)*

Angst vor dem Tod und vor dem Sterben

Wir haben Angst vor dem Tode. Aber der Tod als Nichtmehrsein und das Sterben, das im Tode aufhört, erzeugen zwei ganz verschiedene Ängste.

Die Angst vor dem Sterben ist die vor der körperlichen Qual. Dieser Zustand ist selber durchaus nicht der Tod. Er kann mit allen Qualen stattfinden und doch das Leben sich wiederherstellen. »Ich bin schon mehrere Male gestorben«, kann ein Kranker sagen. Auch was wir dabei erfahren, das ist nie der Tod selber. Was erlitten wird, erleidet immer nur der Lebende. Der Tod selber entzieht sich der Erfahrung. ...

Ganz anders aber als die Angst vor dem Sterben ist die vor dem Tode, wenn dieser aufgefaßt wird als ein Zustand, der nach dem Erlöschen des eigenen Lebens folgt. Von der Angst vor diesem Tode kann keine ärztliche Therapie befreien, sondern nur das Philosophieren. *(KS 151)*

Angst vor dem Nichts und vor dem Totsein

Vorstellungen vom Zustande des Totseins sind vergeblich. Nicht die geringste Erfahrung, kein Anzeichen kommt von dort. Niemand ist wiedergekehrt. Daher die Vorstellung: der Tod ist Nichtsein, ist Nichts.

Die Angst vor dem Tode ist Angst vor dem Nichts. Aber untilgbar scheint trotzdem die Vorstellung: Der Zustand nach dem Tode ist ein anderes Sein. Das Nichts nach dem Ende ist nicht wirklich Nichts. Ein künftiges Dasein erwartet mich. Die Angst vor dem Tode ist die Angst vor dem, was nach ihm kommt.

Beide Ängste – vor dem Nichts und vor dem Zustand des Totseins – sind grundlos. Das Nichts ist nur gegenüber zeitlich-räumlicher Realität Nichts. Und: ein anderes reales Dasein, vor dem wir Angst haben müßten, gibt es nicht. Aber ist damit auch das Bewußtsein der Unsterblichkeit hinfällig? *(KS 151 f.)*

Angst vor dem existentiellen Nichtsein

Die Angst im Schaudern *vor dem Nichtsein* ist unaufhebbar für den Daseinswillen und bleibt das Letzte, wenn das Dasein schlechthin alles ist ... Gegen die Verdeckung dieser Angst durch Vorstellungen von einer sinnlichen Unsterblichkeit ist radikal das Nichts zu erfassen, das im Tode bleibt, sofern man an sinnliches Dasein denkt. Nur aus diesem Nichts kann mir die Gewißheit der wahren Existenz werden, die in der Zeit erscheint, aber nicht zeitlich ist. Diese Existenz kennt eine andere Verzweiflung des Nichtseins, die sie trotz ihres vitalen Daseins im Kontrast zu seiner gleichzeitigen Frische und Fülle überkommen kann. Die *Angst existentiellen Nichtseins* ist von so anderer Qualität als die Angst vor dem vitalen Nichtdasein, daß trotz gleicher Worte, Nichtsein und Tod, nur die eine Angst wahrhaft herrschen kann. *(P II 225 f.)*

Angst als Grundzug des erwachten Menschen

Die Angst um das eigentliche Sein ist ein Grundzug des erwachten Menschen ... Wo die Angst verschwindet, ist der Mensch nur noch oberflächlich. *(PG 67)*

Angst als Schaudern der Freiheit

Angst ist das Schwindligwerden und Schaudern der Freiheit, die vor der Wahl steht. *(P II 265)*

Unsterblichkeitsdrang

Viele Menschen verwandeln den Unsterblichkeitsglauben derart, daß die persönliche Unsterblichkeit gleichgültig wird. »Ich sterbe, aber meine Kinder leben«, so heißt es jetzt. »Ich sterbe, aber mein Volk lebt.« »Ich sterbe, aber eine herrliche Zukunft der Menschheit in Gerechtigkeit und Freiheit auf Erden wird leben.« »Ich sterbe, aber mein Werk lebt.« Der Verzicht auf die eigene Unsterblichkeit wird zur Gewißheit der Unsterblichkeit in anderer Gestalt. Doch dieses andere ist nur vermeintlich unsterblich: für die Kinder, für das Volk, für jeden Zustand der Menschheit, für jedes Werk kehrt dieselbe Frage wieder. Der Unsterblichkeitsgedanke ist hier in die vorläufige Endlosigkeit eines immer wieder anderen Sterblichen geraten, die schließlich selber ihr Ende hat. *(PuW 150)*

Unsterblichkeit und Ewigkeit

Unsterblichkeit heißt die Ewigkeit, in der Vergangenheit und Zukunft aufgehoben sind. Der Augenblick, der zeitlich ist, hat, wo er existentiell erfüllt ist, an der Ewigkeit des alle Zeit Übergreifenden teil. Die »Ewigkeit des Augenblicks« ist der in sich sich widersprechende Gedanke. Er möchte die Wahrheit aussprechen, in der die Realität des zeitlich Leibhaftigen eins ist mit der zeitlosen Idealität des Wesenhaften: als die Ewigkeit des Wirklichen. *(KS 157)*

Wo wir unsterblich sind

Wir sind sterblich als bloßes Dasein, unsterblich, wo wir zeitlich erscheinen als das, was ewig ist. Wir sind sterblich als Lieblose, unsterblich als Liebende. Wir sind sterblich in der Unentschiedenheit, unsterblich im Entschluß. Wir sind sterblich als Naturgeschehen, unsterblich, wo wir uns in unserer Freiheit geschenkt werden. *(KS 157f.)*

»Selbstmord«

Psychiater sagen »Suicid« und rücken durch Benennen einer Rubrik die Handlung in die Sphäre reiner Objektivität, die den Abgrund verhüllt. Literaten sagen »Freitod« und rücken durch die naive Voraussetzung höchster menschlicher Möglichkeit für jeden Fall die Handlung in ein blasses Rosenrot, das wiederum verhüllt. Allein das Wort »Selbstmord« fordert unausweichlich, die Furchtbarkeit der Frage zugleich mit der Objektivität des Faktums gegenwärtig zu behalten: »Selbst« drückt die Freiheit aus, die das Dasein dieser Freiheit vernichtet (während »frei« zu wenig sagt, wenn die Selbstbeziehung darin als überwundene gemeint wäre), »Mord« die Aktivität in der Gewaltsamkeit gegenüber einem in der Selbstbeziehung als unlösbar Entschiedenen (während »Tod« ein dem passiven Erlöschen Analoges träfe). *(P II 300 f.)*

Selbstmord aus Verzweiflung

Existenz in ihrer Grenzsituation verzweifelt an Sinn und Gehalt ihres und allen Daseins. Sie sagt sich: Alles ist vergänglich; was soll die Freude am Leben, wenn alles zugrunde geht! Schuld ist unvermeidlich. Das Dasein ist überall, wenn auf das Ende gesehen wird, Elend und Jammer. Jede Harmonie ist Täuschung. Nichts Wesentliches wird gewußt, aus der Welt erfolgt keine Antwort auf das, was ich wissen müßte, um leben zu können. Ich habe nicht zugestimmt, daß ich dieses Leben will, und vermag nichts zu sehen, das mich zum Ja bestimmen könnte. Ich wundere mich nur, daß die meisten, befangen in Täuschungen, dahinleben in ihrem Glück, wie im Garten die Hühner, die morgen geschlachtet werden. – Dem so Sprechenden bleibt der einzige Sinn, in voller Besonnenheit ohne den

Zufall des Augenblicks oder des Affekts, diese Negation des Lebens aus dem Denken ins Handeln zu übersetzen.

(P II 304)

Selbstmord und Würde

Daß der Mensch, nur der Mensch sich das Leben nehmen kann in hellem, reinem Entschluß, ohne Trübung durch Affekt, vielmehr sich selber treu, darin liegt eine Würde.

Alle Despotien, alle Kirchen, alle Gewalt, die von Menschen über Menschen ausging, den Anspruch erhebend auch auf ihre Seele, haben den Selbstmord perhorresziert: hier bezeugte sich die Freiheit des Einzelnen, des Menschen als Menschen, der sich der Unterdrückung und dem vernichtenden Leiden entzieht. Die Bereitschaft zum Selbstmord macht frei.

Der Selbstmörder hat die Grenze überschritten. Vor dieser Grenze fragen wir, aber am Ende bleiben wir in Schweigen und Ehrfurcht stehen. *(PGO 474)*

Sterbenkönnen im rechten Augenblick

Das entscheidende Merkmal der Offenheit für die angeeignete Wirklichkeit im Ganzen ist: das Sterbenkönnen im rechten Augenblick, d. h. die Einsicht, die, unberechenbar und unvoraussehbar, zeigt, wo das Leben nur noch um den Preis der Selbstzerstörung zu retten ist, wenn der Augenblick fühlbar werden läßt, wo der Vernichtung des Daseins nicht zu entgehen ist. Diese Wirklichkeitsnähe verschließt nicht die Augen, ist unermüdlich tätig für das Mögliche, aber läßt sich nicht verführen in Scheinrettungen; sie vergeudet sich nicht an das Unmögliche und verliert die Hoffnung nicht im Möglichen. Alles Dasein muß enden, daher ist

Realistik keineswegs das Verhalten, das das Dasein um jeden Preis rettet. Das gehörige Ende steht zwar in niemandes Verfügung, aber das ungehörige braucht er nicht in seine Aktivität aufzunehmen, wenn er ihm zuvorkommen kann. Stets muß er das Ende erdulden. Ein Hinzunehmendes ist noch im gehörigen Ende und im nicht gewählten, weil transzendent geforderten Selbstmord. Im ungehörigen Ende, wenn es unausweichlich würde, bleibt im Preisgegebensein vielleicht doch noch eine Aktivität durch Übernehmen des zugemuteten Untragbaren. Das dunkelste Sterben: in der Ohnmacht des Duldens ohne einen Sinn durch Aktivität des Übernehmens oder des Sichentschließens. Das hellste Sterben: im Einsatz des Lebens durch die Tat mit dem Nächsten vor der Transzendenz. Die tiefste Wirklichkeitsnähe ist zugleich die Bereitschaft zum wahren Scheitern. Sie mag, wenn der Raum des Blicks wirklich frei, der Bezug auf den Grund gegenwärtig ist, vielleicht die Ruhe gewinnen noch vor dem Zufall und vor der Sinnlosigkeit, zwar unbegründet und unwißbar und unaussprechbar, aber als gelassenes Sterbenkönnen. *(W 529)*

Warum bleiben wir am Leben?

Zunächst aus fragloser Lebenslust. Selbst wenn wir gefragt haben, uns alle Transzendenz verschwindet, objektiv alles sinnlos wird, so leben wir doch weiter vermöge unserer *Vitalität,* vielleicht uns selbst verachtend, in dumpfer Unklarheit von Tag zu Tage. Da wir große Strecken des Lebens faktisch nur dieses vitale Dasein vollziehen, haben wir die Achtung vor dem Selbstmörder, der aus Freiheit gegen die Absolutheit des vitalen Daseins sich zur Wehr setzt. Aus unserer Vitalität haben wir zwar ein Grauen vor dem Selbstmörder, sagen wohl: es ist gefährlich, solchen Seelenbewegungen und Gedanken zu folgen; man solle sich an das

Normale und Gesunde halten. Aber dieses Wegschieben ist eine Verschleierung, wenn wir durch sie verhindern, daß unsere blinde Vitalität in Frage gestellt wird; wir möchten die Grenzsituationen meiden und werden doch nicht ruhig, weil das Leben der Vitalität überantwortet bleibt, die uns eines Tages verläßt. *(P II 307)*

Auf die Frage: warum bleiben wir am Leben? ist zuletzt zu antworten: der Entschluß zu leben ist wesensverschieden von dem Entschluß, es sich zu nehmen. Während der Selbstmord als aktive Handlung das Ganze des Lebens trifft, ist alle Aktivität im Leben eine partikulare, das am Leben Bleiben angesichts der Möglichkeit des Selbstmords ein *Unterlassen*. Da ich *mir das Leben nicht selbst gegeben* habe, entscheide ich nur, bestehen zu lassen, was schon ist. Es gibt keine entsprechende Totalhandlung, in der ich mir das Leben gebe, wie es die Handlung ist, in der ich es mir nehme. Darum ist eine einzige Scheu vor dem Selbstmord, der eine Grenze überschreitet, über die kein Wissen dringt.
(P II 308)

Ja zum Dasein

Das Ja zum Dasein ist das große und schöne Wagnis, weil es die Stätte der Verwirklichung von Wahrheit, Liebe, Vernunft ist. Das Nein aber zum Dasein im Selbstmord ist die Wirklichkeit von Menschen, vor deren Geheimnis wir still werden. Wir dürfen diese Grenze nicht vergessen.
(KS 167)

Das mißbrauchteste Wort

»Freiheit« ist das meistgebrauchte Wort unserer Zeit. Was sie sei, scheint allen selbstverständlich. Jeder Staat, jedes Volk, jeder Einzelne will frei sein. Im Anspruch und in der

Behauptung der Freiheit scheint alle Welt einig. Aber nichts ist unklarer, vieldeutiger, mißbrauchter als »Freiheit«.

(AZM 134)

Nachweis der Freiheit

Wir können zwar durch keine Forschung, kein wissenschaftlich zwingendes Wissen, keine empirische Untersuchung den Nachweis erbringen, daß es Freiheit gibt – aber wir können auch ihr Nichtsein nicht beweisen.

Der Nachweis der Freiheit erfolgt nicht durch ein Wissen, sondern durch die Tat, aber nicht durch irgendeine einmalige Tat, sondern durch das Tun aller Tage, durch die Existenz des einzelnen Menschen, der dadurch erst mit dem anderen in eine echte, freie Gemeinschaft gelangt. *(RA 356)*

Ohne Freiheit ist das Verderben gewiß

In der Freiheit ist zwar das Verderben groß, das völlige Verderben möglich. Ohne Freiheit aber ist das Verderben gewiß. *(KS 84)*

Verleugnung der Freiheit

... überall, wo man in der Psychologie sagt: »Es geht nicht anders, so sind nun mal die Menschen«, oder in der Soziologie gar oder in der Nationalökonomie, die dazu gehört: »Es muß so kommen, es ist die Realität, so laufen die Dinge«, verleugnet der so Sprechende die Freiheit.

(ChT 23)

Behauptung der Freiheit

Freiheit behauptet sich erstens gegen den Anspruch auf den Besitz der einen absoluten Wahrheit durch den Willen zur Kommunikation von Selbst zu Selbst; sie behauptet sich zweitens gegen Menschenvergötterung durch öffentliche Diskussion; sie behauptet sich drittens gegen die Leugnung der Freiheit durch das Vertrauen zum Menschen. *(RA 359)*

Freiheit und Willkür

Freiheit ist Überwindung der Willkür. Denn Freiheit fällt zusammen mit der Notwendigkeit des Wahren. Bin ich frei, so will ich nicht, weil ich so will, sondern weil ich mich vom Rechten überzeugt habe. Der Anspruch der Freiheit ist daher, nicht aus Willkür, nicht aus blindem Gehorsam, nicht aus äußerem Zwang zu handeln, sondern aus eigener Vergewisserung, aus Einsicht. Daher der Anspruch, selbst zu erfahren, gegenwärtig zu verwirklichen, aus eigenem Ursprung zu wollen durch Suchen des Ankers im Ursprung aller Dinge. *(RA 282)*

Freiheit erweckt Freiheit

Alles liegt daran, daß Freiheit die Freiheit erweckt. Jeder Einzelne kann nur in dem Maße frei werden, als um ihn herum freie Menschen sind. Wenn man zweifelt und meint, die Menschen seien nicht fähig, frei zu werden, so ist die Antwort: Wer auf dem Wege der Freiheit ist, die Transzendenz und sich selbst erfährt, der kann nicht glauben, daß der Weg unmöglich sei. Sein eigenes Leben selber ist ihm das Wagnis daraufhin, daß Freiheit möglich ist. *(PGO 462)*

Ohnmacht als Bedingung der Freiheit

Damit in der Welt des Denkens die völlige Unbefangenheit entstehe, müssen die Denkenden innerlich unabhängig sein. Das wird der Mensch nur dann, wenn sein Machtwille erloschen ist, und vielleicht auch nur dann, wenn er sich faktisch in Ohnmacht befindet. Ohnmacht scheint die Bedingung, um wirklich frei zu wirken und Freiheit zu erwekken. *(VW 70)*

Existentielle Kommunikation

In der Kommunikation, durch die ich mich selbst getroffen weiß, ist der Andere nur *dieser* Andere: die *Einzigkeit* ist Erscheinung der Substantialität dieses Seins. Existentielle Kommunikation ist nicht vorzumachen und nicht nachzumachen, sondern schlechthin in ihrer jeweiligen Einmaligkeit. Sie ist zwischen zwei Selbst, die nur diese und nicht Repräsentanten, darum nicht vertretbar sind. Das Selbst hat seine Gewißheit in dieser Kommunikation als der absolut geschichtlichen, von außen unerkennbaren. Allein in ihr ist das *Selbst für das Selbst in gegenseitiger Schöpfung*. In geschichtlicher Entscheidung hat es durch Bindung an sie sein Selbstsein als isoliertes Ichsein aufgehoben, um das Selbstsein in Kommunikation zu ergreifen.

Der Sinn des Satzes, daß ich erst ich selbst in meiner Freiheit bin, wenn der Andere er selbst ist und sein will, und ich mit ihm, ist nur *aus Freiheit als Möglichkeit* zu ergreifen. Während die Kommunikationen im Bewußtsein überhaupt und in der Tradition erkennbare Daseinsnotwendigkeiten sind, ohne die ein Versinken ins Unbewußte unausweichlich würde, ist die Notwendigkeit existentieller Kommunikation nur eine solche der Freiheit, darum objektiv unbegreiflich. Der eigentlichen Kommunikation ausweichen wollen, bedeutet Aufgeben meines Selbstseins; entziehe ich mich ihr, so verrate ich mit dem Anderen mich selbst. *(P II 58)*

Kommunikation als kämpfende Liebe

Als Liebe ist diese Kommunikation nicht die blinde Liebe, gleichgültig welchen Gegenstand sie trifft, sondern die kämpfende Liebe, die hellsichtig ist. *(P II 65)*

Notwendigkeit des Anderen

Ich kann nicht ich selbst werden, wenn nicht der Andere er selbst sein will; ich kann nicht frei sein, wenn nicht der Andere frei ist, meiner nicht gewiß sein, wenn ich nicht auch des Anderen gewiß bin. In der Kommunikation fühle ich mich nicht nur für mich, sondern auch für den Anderen verantwortlich, als ob er ich, ich er wäre; ich fühle sie erst einsetzen, wenn der Andere mir ebenso begegnet. Denn auch den Sinn der Kommunikation erreiche ich nicht durch mein eigenes Tun allein; es muß das Tun des Anderen entgegenkommen. Ich muß in die quälende Beziehung ewigen Ungenügens kommen in dem Augenblick, wo der Andere, statt der mir Entgegenkommende zu sein, sich selbst mir zum Objekt macht. Wird der Andere in seinem Tun nicht eigenständig er selbst, so auch ich nicht. Unterordnung des Anderen in Gehorsam unter mich läßt mich nicht zu mir kommen, sein Herrschen über mich ebensowenig. Erst im gegenseitigen Anerkennen erwachsen wir beide als wir selbst. Nur zusammen können wir erreichen, was jeder erreichen will. *(P II 57)*

Regeln des liebenden Kampfes

Für diesen Kampf um Offenbarkeit könnte man *Regeln* aufstellen: Es wird nie Überlegenheit und Sieg gewollt; treten diese ein, so werden sie als Störung und Schuld empfunden und ihrerseits bekämpft. Es werden alle Karten aufgedeckt, und gar keine berechnende Zurückhaltung wird geübt. Die gegenseitige Durchsichtigkeit wird nicht nur in den jeweiligen sachlichen Inhalten, sondern auch in den Mitteln des Fragens und Kämpfens gesucht. Jeder dringt in sich selbst mit dem Anderen. Es ist nicht der Kampf zweier Existenzen gegeneinander, sondern ein gemeinsamer Kampf gegen sich selbst und den Anderen, aber allein Kampf um Wahrheit. Dieses Kämpfen kann nur auf völlig gleichem Niveau stattfinden. Beide stellen bei Differenz der technischen Kampfmittel (des Wissens, der Intelligenz, des Gedächtnisses, der Ermüdbarkeit) die Niveaugleichheit her durch ein gegenseitiges Sichvorgeben aller Kräfte. Aber die Gleichstellung verlangt, daß jeder es sich selbst und auch dem Anderen existentiell so schwer wie möglich macht. Ritterlichkeit und alles Erleichtern gilt hier nur als vorübergehende Sicherung – mit Billigung beider – in den Bedrängnissen, die für begrenzte Zeiten in der Erscheinung unseres Daseins eintreten. Wird sie dauernd, so ist die Kommunikation aufgehoben. Das Schwermachen gilt aber allein in bezug auf die eigentlichsten Gründe des Entscheidens im Gehalt der Entschlüsse. Wo eine größere Kraft der seelischen Werkzeuge siegt, wo gar Sophistik möglich wird, hört die Kommunikation auf. In der existentiell kämpfenden Kommunikation stellt jeder *alles* dem *Anderen* zur Verfügung. *(P II 66)*

Selbstsein, Wahrsein, Freisein

Selbstsein und Wahrsein ist nichts anderes als bedingungslos in Kommunikation sein. *(VE 87)*

Niemand kann wahrhaft frei werden, wenn nicht alle frei werden. *(RA 362)*

Was mir gelang, gelang nicht mir allein. *(P II 173)*

Ich muß veröden, wenn ich nur ich bin. *(P II 56)*

Ich selbst zerbrach, als mir Kommunikation zerbrach. *(P II 82)*

Einsamkeit

Einsamkeit ist nicht identisch mit soziologischem Isoliertsein. Wer etwa in primitiven Zuständen und ohne eigenständiges Selbstbewußtsein aus seiner Gemeinschaft ausgestoßen wird, lebt in dieser Gemeinschaft innerlich fort oder hat ein dunkles Verzweiflungsbewußtsein des Nichtseins; er ist weder in der Geborgenheit noch im Ausgeschlossensein einsam, weil er nicht ein Ich für sich selbst ist.

Erst im hellen Bewußtsein entwickelter Zustände gilt: Ich selbst sein heißt einsam sein, jedoch so, daß ich in der Einsamkeit noch nicht ich selbst bin; denn Einsamkeit ist das Bereitschaftsbewußtsein möglicher Existenz, die nur in Kommunikation wirklich wird.

Kommunikation findet jeweils zwischen Zweien statt, die sich verbinden, aber zwei bleiben müssen – die zueinander kommen aus der Einsamkeit und doch Einsamkeit nur kennen, *weil* sie in Kommunikation stehen. Ich kann nicht selbst werden, ohne in Kommunikation zu treten und nicht in Kommunikation treten, ohne einsam zu sein. In aller Aufhebung der Einsamkeit durch Kommunikation wächst eine neue Einsamkeit, die nicht verschwinden kann, ohne daß ich selbst als Bedingung der Kommunikation aufhöre. Ich muß die Einsamkeit wollen, wenn ich selbst aus eigenem Ursprung zu sein und darum in tiefste Kommunikation zu treten wage. *(P II 61)*

Schweigen

Das *Schweigen* wird erst dann wahr, wenn es nicht leeres Verstummen, sondern erfülltes Schweigen ist, in dem ein neues Denken wächst, das indirekter Mitteilung fähig wird. *(AZM 285)*

Kampf zwischen den Sphären der Liebe

Die Sexualität ist wahllos, die Erotik ist zum mindesten polygam. Wie kann die Liebe beide in die Monogamie zwingen? In allem Enthusiasmus ist der Einheitssinn; von ihm her wird die Persönlichkeit geprägt, die enthusiastisch nur eingipflig existieren kann, den Willen als Instrument nutzend zur Begrenzung aller Leidenschaften und Triebkräfte in hierarchischer Ordnung. In *einer* Liebe kann die Liebe allein als Liebe gedeihen, sie wird sonst hoffnungslos zur Erotik, die noch so schwärmerisch, noch so berauscht sein mag; sie mangelt des Enthusiasmus und ist irgendwo skeptisch und kynisch. Von der Liebe her wird der Erotik und Sexualität, diesen Medien gesteigerter Lebendigkeit, keine Selbständigkeit gelassen. Sie werden als Medien der Liebe, der einen monogamen, gestaltet und geben ihr die einmalig fixierte Kraft und Tiefe. Soweit die vereinende Gestaltung nicht gelingt – und es gelingt niemals völlig –, steht Liebe in Kampf auf Leben und Tod mit Sexualität und Erotik, wobei dann oft die Liebe, selten auch Sexualität und Erotik, vernichtet werden. Wie Sexualität die Erotik zu stören vermag durch Übereile, Ungestaltetheit, Arhythmik, so stört Erotik die Liebe. Es ist ein Kampf zwischen diesen Sphären, wobei Sexualität und Erotik untereinander wohl oft, alle drei zusammen wohl nur in seltenen Glücksfällen eine lebendige Synthese eingehen. *(PW 132 f.)*

Erotische Leidenschaft und metaphysische Liebe

Erotische Leidenschaft und methaphysische Liebe, beide entzünden sich in der Jugend, beide sind zu jedem Opfer bereit, einem Einzigen hingegeben. Aber in der Leidenschaft liegt das phantastische Ewigkeitsbewußtsein des Rausches, in der Liebe der Wille zur Dauer in der Zeit. Die Leidenschaft ist gebunden an das Erlebnis, kommt und geht. Die Liebe hat den tiefen Sinn des »für immer« und »von jeher«. Sie kommt einmal im Leben und nie wieder. Die Leidenschaft ist an entscheidender Stelle blind, die Liebe hellsichtig im Ganzen.

Auf Grund dieser Unterscheidung stellen wir Fragen, die sich der Antwort entziehen. Kann die Gewißheit metaphysischer Liebe ein Irrtum der Leidenschaft sein? Kann ein treuloser Partner den Liebesursprung zerstören, den der gläubig Liebende nun an ihn vergeudet hat? Kann trotzdem nach Erfahrungen erotischen Scheiterns nun erst die Begegnung der aus dem Ursprung her zueinander gehörenden Liebenden stattfinden, die sich erkennen und rückblickend ihre Irrungen durchschauen, sie übernehmen und aufheben?

Kann ein Liebender eine metaphysische Liebe dichten und der andere mit ihm sie für Wirklichkeit halten, bis in der Untreue diese Dichtung sich als solche entlarvt und doch als nun ausgehöhlte noch festgehalten wird in der Spaltung von dichterischer Phantastik und treuloser Realität? *(KS 142 f.)*

Geschlechtsliebe als Signum

Die Geschlechtsliebe ist wohl ein Signum der Einheit aller Weisen des Liebens. Ohne sie ist keine. Sie ist in jedem Fall der Weg, sei es durch sie hindurch mit ihr, sei es in ihrer Überwindung dorthin, wo Liebe ohne sie möglich scheint. Sie ist im Sublimierten der Seele, im Transzendieren zum Einen noch immer ein Bekräftigendes. Sie wirkt in jeder echten Metaphysik wie im Enthusiasmus des Bruno.

Daß Liebe im Vitalen ein Zeugen, Empfangen und Gebären ist, mit der Folge des endlosen Wiedererstehens des Lebens in neuer Gestalt, das ist im Gleichnis und in der Wirklichkeit Grundzug jeder Liebe: durch Liebe wächst, erzeugt sich der Gehalt und wird der Weg gegangen, auf dem das Transzendieren die Grenze wird zur Ruhe. Fruchtbarkeit, den Keim zum Wachsen bringen, Sichentwickeln, Wiederholung gehören in Verwandlungen und Analogien zur Liebe schlechthin.

Die Liebe aus dem metaphysischen Grunde erfährt die Zugkraft aus dem Einen, von dem alle Liebe, auch die geschlechtliche, erst eigentlich erfüllt wird. Auch für die metaphysische Liebe wird das Geschlechtliche noch zum Gleichnis. Erst von ihr gilt das Wort: »Das ewig Weibliche zieht uns hinan.« *(W 1001)*

Die eine Liebe

Man spricht von der einen Liebe der Geschlechter. Was heißt das? Die Idee des Einen in der Liebe ist transzendent. Die eine Liebe ist geschenkt von dorther, wohin kein Wille und keine Absicht dringt, und ist etwas, von dem niemand weiß, ob sie ihm zuteil wird. Diese eine Liebe, die man metaphysisch nennen kann, ist durch das *numerisch* Eine schlecht bezeichnet. Das numerisch Eine ist oder kann die Folge sein, in der Idee. Aber sie von vorneherein als das Merkmal zu nehmen, wäre falsch. ...

Wenn jemand kommt und nun aus der Idee des Einen das numerisch Eine macht und zum Urteil kommt, sei es über sich selbst, sei es über andere: das ist also eine metaphysische Liebe, so ist das ein verderbliches Urteil. Erstens ist verwechselt die Zahl »eins« mit der qualitativen Einheit. Es ist möglich, daß in einer Welt der Erotik, des polygamen Lebens, durchbricht, was wir eben die Idee des Einen nannten, der metaphysischen Liebe; aber niemand weiß es, niemand kann es feststellen. Feststellen kann ich die Monogamie der Ehe, weiter nichts. Feststellen kann ich die Erscheinungsweisen der Erotik. Das kann ich psychologisch und geistig und künstlerisch studieren, aber dieses Eine, das kann ich nicht wissen. Also, wer aus dem philosophischen Gedanken der einen metaphysischen Liebe, die ein Geschenk der Transzendenz ist, wenn sie ist, und von der niemand behaupten darf, daß er sie besäße, wenn von daher Urteile stattfinden, dann werden sie verderblich. Dann zerstören sie, illiberal, das was menschlich ist, verwehren sie Möglichkeiten, werden sie übermütig. *(ChT 55 f.)*

Liebe ist nicht allgemein

Wer nur die Menschheit liebt, liebt gar nicht, wohl aber, wer diesen bestimmten Menschen liebt. *(P I 16)*

Mitleid ist nicht Liebe

Mitleid ist nicht Liebe, wenn auch Mitleid ebenso wie psychologisches Verstehen eine Manifestation des liebenden Verstehens ist. Mitleid ist am Leiden des Anderen selbst leidend, einerlei, welches Leid es ist. Das Mitleid hat nirgends Beziehung zum Absoluten, sondern ist bloß leidverneinend, es ist gar nicht auf das Individuum als Individuum gerichtet, sondern allgemein. Es ist darum entwürdigend für den, der davon getroffen wird, wird darum abgelehnt, wenn nicht in einer entwürdigten Einstellung das Erregen von Mitleid beim Anderen einem Elenden noch Erregung seiner letzten Machtinstinkte verschafft (daß er nämlich, wenn er auch absolut ohnmächtig ist, doch durch Erregung dieser Mitleidsgefühle noch wirkungsfähig ist; daß er doch so noch sich zum Mittelpunkt einer Beachtung machen kann). Mitleid erregt ferner beim Mitleidenden das Gefühl der Überlegenheit, weil es ihm besser geht, weil er im Helfen seine Macht fühlt. Es ist der äußerste Gegensatz von Liebe, in Mitleid, allgemeiner Menschenliebe, blindem Helfen, wo überhaupt Leid ist, sich auszuschütten. Niemals meint man dabei ein Individuum, niemals ein Absolutes, immer sich selbst. Man bleibt in der Einstellung, der der Wertgegensatz Leid und Lust der absolute ist. Man liebt nicht, wenn und weil man mitleidig ist. *(PW 128)*

Kein Leben ist ohne Haß

Kein Leben ist ohne Haß. Die Offenbarkeit dessen und die Sorge für freie, nicht verborgene Auswirkung des eigenen Hassenmüssens ist eine Bedingung des Wahrseins.

Haß ist quälend. Ich fühle hassend mich sinken. Ich fühle mich unfrei, auf dem Weg in die Enge. Hassend erblicke ich das Nichtige und das Nichts, das als daseiend erscheint. Ich will hassend, daß es nicht sei. Ich kann mich dem Haß nicht entziehen, wenn ich mein Auge für die empirische Realität offenhalte. Ich kann mich ihm nicht entziehen, weil ich liebe. Große Liebende sind zumeist auch große Hassende.

(W 1019)

Philosophie aus dem Haß

Haß kann sich absolut setzen. Alles stellt er dann in seinen Dienst. Selbst die Liebe wird ihm, verkümmert und verstellt, zu einem Mittel, um nur um so stärker zu hassen, mit der Liebe des einen vielmehr andere zu treffen, etwas Besseres zu vernichten. Der Haß bleibt negativ. Er muß stets ausschließen, aber nicht aus einem gehaltvollen Reich der Liebe, sondern aus dem Nichts des eigenen Nichtseins. Er bleibt wesentlich polemisch. Philosophie aus dem Hasse ist im Ursprung polemisch. Sie erwächst aus der Stimmung der Wut, entzündet sich nur, wo sie Gegner hat, gewinnt Einfälle nur, wo sie angreift, im Absetzen von Anderen, im Kampf um Geltung, in der Verachtung und der Verteufelung eines Anderen.

Aber im tiefsten Hasse, im Nihilismus der Haßphilosophie steckt noch ein Positives. Die Leidenschaft selbst ist verkehrte Liebe. Es ist wie ein ständiges Verlorensein, das doch jeden Augenblick umschlagen könnte. Es ist die äußerste, unruhige Spannung, das immer wiederholte Verfallen an die Verneinungsinstinkte, die sich schöpferisch erweisen in täuschenden Denkgebilden. Diese faszinieren vermöge der hinter ihnen stehenden Leidenschaft, sie sind die Wahrheit des Nein, sie sind zum Verwechseln ähnlich dem Ja. Aber sie sind haltlos in sich, unwahrhaftig zweideutig, Quell aller Sophistik. *(W 1020)*

Aufhellung des Hasses

Die Aufhellung des Hasses ist die erste Aufgabe des Wahrwerdens. Der große Liebende tilgt den Haß, indem er ihn leidenschaftlich durchlebt hat. *(W 1020)*

Glaube an den Menschen

Wer nicht an den Menschen glaubt – sei es als eigenen Ursprung, sei es als Geschöpf der Gottheit –, der muß, was er auch tut, daran mitwirken, den Menschen zu vernichten. *(RA 361)*

Der Mensch ist mehr, als er von sich weiß

Der Mensch ist immer *mehr, als er von sich weiß*. Er ist nicht, was er ein für allemal ist, sondern er ist Weg; nicht nur ein festzustellendes Dasein als Bestand, sondern darin Möglichkeit durch Freiheit, aus der er noch in seinem faktischen Tun entscheidet, was er ist. *(GSZ 147)*

Idee des Menschen

Die Idee des Menschen kann nicht hoch genug geworfen werden, wenn nur das schlechthin Unmögliche, das der Endlichkeit seines Zeitdaseins widerstreitet, gemieden wird. *(VE 97)*

Mensch und Menschenbild

Um Mensch zu werden, dürfen wir uns an kein Bild vom Menschen binden. *(A 100)*

Persönlichkeit

Machte man sich etwa zum Ziel, eine Persönlichkeit eigenständiger und eigentümlicher Art zu werden, so würde man ein künstliches Gebilde mit lauter Larven, bis in den Kern ohne Wirklichkeit, also gerade keine Persönlichkeit, sondern eine ängstlich gepflegte Figur. Persönlichkeit wird der Mensch nur, indem er sich um die Sachen kümmert, in Tätigkeit und Handeln in der Welt etwas hervorbringt.

(VE 121)

Der Spiegel

Kein Mensch kann ohne irgendeine Betroffenheit in den Spiegel sehen; je kräftiger er im Aufschwung steht, desto empfindlicher ist er für das Andere in sich selbst. *(GSZ 197)*

Der Mensch als Schauspieler

Daß der Mensch Schauspieler sein kann, ist ein tiefer Grundzug seines Wesens. Das wahre, nicht täuschende Schauspielern ist im Menschen die Möglichkeit einer Erweiterung seines Erlebens im Hervorbringen aller Möglichkeiten durch spielend verwirklichende Phantasie. Es ist Armut, wenn der Mensch nicht wenigstens in der Phantasie, in der Aufführung vor sich selbst, den Zugang zu allem Menschsein hat. Aber gerade die scharfe Scheidung zwischen dem Schauspielern und dem Wirklichsein ist der Grundzug, der sowohl dem Schauspielern die ganze Weite der Möglichkeit eröffnet, wie der Wirklichkeit ihren Ernst gibt. Daß beides ineinanderfließt, Wirklichkeit verlorengeht und nur in den nun eng gewordenen Fragmenten schauspielerhafter Beliebigkeit allein noch da ist, das ist der Weg des tiefsten Verfalls der Wahrheit. In dieser ganz unfaßlichen Verlogenheit hört alle Unterscheidung auf, gilt nichts mehr, nicht einmal der Nihilismus, besteht keinerlei Verläßlichkeit, ist es, als ob der Mensch als Mensch gar nicht mehr da wäre trotz der jeweils gespenstischen Gebärde eines Menschseins. *(W 562)*

Gegen den Sexismus

Die maskuline Ordnung und Atmosphäre wird zum Verderben des Menschseins ebenso wie die feminine.

Das Menschsein fordert, daß es den Vorrang hat vor dem Geschlechtsein. Mann und Frau sind zuerst Menschen und dann erst Geschlecht. *(KS 145)*

Verkehrungen des Menschseins

Die Paradoxie des Menschseins zeigt sich in dem vernichtenden Umschlagen auf dem Weg zur Freiheit:

die Befreiung von der Leibhaftigkeit der Transzendenz schlägt um in den totalen Unernst,

die Freiheit in der Schwebe der Chiffern schlägt um in die Bodenlosigkeit des Nichts,

die Freiheit des Wissens schlägt um in die Unfreiheit des Wissenschaftsaberglaubens,

das, was Einzelnen gelungen ist, schlägt um, durch Übersetzung, Verwandlung bei Anderen, in das Gegenteil des einmal Wirklichen und Gemeinten,

die Freiheit des technischen Erfindens schlägt um in die Versklavung durch den Betrieb der Maschinenarbeit,

das politische Freiwerden schlägt um in die äußere und innere Unfreiheit der totalen Herrschaft.

Keineswegs sind alle diese Verkehrungen unentrinnbar. Der Freiheit des Menschen ist es aufgetragen, sich zu bezeugen in der Kraft des Herrwerdens über die selbst erzeugten Unfreiheiten. *(PGO 465)*

Humanismus

Der Humanismus ist nur das Medium, aber nicht die Vollendung des Menschseins. Wird er zum Endziel, so entfaltet sich eine abgesonderte Pflege von Vergangenem in einem sowohl irreal wie existenzlos werdenden Dasein.
(RA 333)

Humanitas

Humanitas ist Aufgeschlossensein: sich auf den Standpunkt jedes anderen stellen, auf Gründe hören, in die Vernunft der Sache eintreten und in den Ideen sich grenzenlos erweitern. Sie widersteht den Sophismen, dem Druck des eigeninteressierten Willens und den zufälligen Empfindlichkeiten. Sie ist die Offenheit, das Verstehen, die Zugänglichkeit und Möglichkeit. Ihr eignet ein ursprüngliches Anerkennen des Anderen, Ritterlichkeit im Kampf, der Wille, nicht zu beschämen, die Liebenswürdigkeit im Umgang. Durchsichtigkeit ist ihr Wesen; aus ihrer Klarheit und Sauberkeit strahlt Heiterkeit. *(P II 413)*

Erfahrung des Scheiterns

Es ist entscheidend für den Menschen, wie er das Scheitern erfährt: ob es ihm verborgen bleibt und ihn nur faktisch am Ende überwältigt, oder ob er es unverschleiert zu sehen vermag und als ständige Grenze seines Daseins gegenwärtig hat; ob er phantastische Lösungen und Beruhigungen ergreift, oder ob er redlich hinnimmt im Schweigen vor dem

Undeutbaren. Wie er sein Scheitern erfährt, das begründet, wozu der Mensch wird. *(E 23 f.)*

Scheitern

Verwirklichung im Scheitern kann so wirklich sein wie im Erfolg. Was vor der Transzendenz den Vorrang hat, kann niemand wissen. *(GSZ 97)*

Der tragische Held

Das tragische Wissen kann sich nicht vertiefen, ohne den Menschen größer zu sehen.

Daß er nicht Gott ist, läßt den Menschen klein sein und zugrundegehen; – daß er die menschlichen Möglichkeiten bis zum Äußersten treibt und an ihnen selber wissend zugrundegehen kann, ist seine Größe.

Daher ist im tragischen Wissen wesentlich, woran der Mensch leidet und scheitert, was er übernimmt, angesichts welcher Wirklichkeiten und in welchen Gestalten er sein Dasein preisgibt.

Der tragische Held – der gesteigerte Mensch – ist er selbst im Guten wie im Bösen, im Guten sich erfüllend und im Bösen sich vernichtigend, beide Male als Dasein scheiternd durch die Konsequenz, sei es des wirklich oder des vermeintlich Unbedingten. *(W 933)*

Moderne Tapferkeit

Das ist die moderne Tapferkeit: fortfahren im versuchenden Leben, wenn auch keine Gewißheit ist, – nicht das Ergebnis verlangen, sondern das Scheitern wagen, – das Ja zum Leben vollziehen, als werde in der Tiefe eine Hilfe sich zeigen, welche jedenfalls das bedeutet, daß das gut Gewollte nicht nichts sei, daß es am Ende einströme in das Sein.

(RA 343)

Die Ausnahme als tiefster Antrieb

Von den Ausnahmen kommt der tiefste Antrieb. Sie zeigen die menschlichen Möglichkeiten noch im Unmöglichen ... Durch sie wird uns unersetzlich fühlbar, was als Anspruch wirkt, was als Zugkraft uns lenkt. Sie alle bewirken, daß in uns der Antrieb als solcher, der Wille zum Aufschwung, nicht erlahmt; ihre Gegenwart des ungeheuren Ungenügens zeigt unerbittlich die Unvollendung und Unvollendbarkeit des Menschen. *(WP 153 f.)*

Aneignung der Ausnahme

Die Ausnahme, die ausgeschlossen wurde, die verachtet durch das Dasein ging, der niemand half, die den Tod erfuhr und die für die Zeitgenossen zu Recht mit dem Tode büßte, da durch ihr Dasein die Ordnung angetastet worden war, diese Ausnahme kann nachher als Ursprung der Wahrheit – nun ungefährlich – in Verwandlungen und Verkehrungen angeeignet werden. Gegenüber dem Toten, von dem entscheidende Gefahren nicht mehr ausgehen, kann die Haltung sich radikal ändern. Daher geschieht die Verherrlichung derer, die ins Nichts zu gehen wagten, durch solche, die die etwa vergleichbaren Menschen des Ausnahmecharakters aus der eigenen Zeit verfolgen. Die großen Toten werden benutzt, um die lebendigen Großen totzuschlagen.

(W 766)

2. Von der Weite des Denkens und Glaubens

Das Sein selber ist nicht Gegenstand

Alles, was mir *Gegenstand* wird, tritt aus der dunklen Welt, in der ich lebe, diese klar werden lassend, an mich heran. Der Gegenstand ist ein *bestimmtes* Sein. Dieses steht in Bezug auf anderes, von dem es unterschieden ist, und auf mich, dem es als gedacht gegenübersteht. Es ist *nicht alles*, und es steht, sei es auch noch so groß, in einem umfassenderen Sein, es ist *nicht das Ganze.* Das Sein selber ist nicht als Gegenstand aufzeigbar.

Das Sein zu denken, z. B. als Materie, als Energie, als Geist, als Leben usw. – alle denkbaren Kategorien sind versucht worden –, zeigt mir am Ende stets, daß ich eine Weise bestimmten Seins, die im Ganzen des Seins vorkommt, zum Sein selbst verabsolutiert habe. *(W 37)*

Wissenschaftliche und existentielle Wahrheit

Die Wahrheit hat entweder einen allgemeingültigen Charakter und ist dann für jeden Menschen identisch. Von dieser Art ist die wissenschaftliche Wahrheit, die jedoch immer nur für bestimmte Gegenstände, unter bestimmten Voraussetzungen, durch bestimmte Methoden ihre auf diese bezogene, relative Wahrheit bedeutet. Oder die Wahrheit ist eine unbedingte, aus der ein Mensch glaubend lebt und verwirklicht, jedoch um den Preis, daß ihre Aussagen in der Weise rational mitteilbarer Glaubensinhalte nicht allgemeingültig für alle sind. Das heißt: die unbedingte Wahrheit ist geschichtlich, weil wir als mögliche Existenz schlechthin geschichtlich sind. Die Erscheinung dieser Geschichtlichkeiten in historisch feststellbaren Aussagen und in den anderen Äußerlichkeiten ist nur für den darin Lebenden unendlich erfüllt, weil die Ewigkeit hier in der Zeit, unvertretbar und einmalig, gegenwärtig wird. Für den nur Verstehenden aber bleibt die Erscheinung als bloße Möglichkeit historisch relativ. Ohne die Helligkeit dieser Differenz im Wahrheitsgedanken gleiten wir ab entweder ins Abstrakte, Leere und Bodenlose oder in das fanatisch Ausschließende.

(PuW 165 f.)

Viele existentielle Wahrheiten

Wo das Umgreifende in jeglicher Gestalt gegenwärtig bleibt, der Kommunikationswille wahrhaft total sein kann, da steht Existenz vor der letzten Grenze, daß *viele Wahrheiten* sind im Sinn existentieller Unbedingtheit.

Diese Vielheit der Wahrheiten philosophisch anzuerkennen, könnte charakterlos aussehen. Man wirft ein: Nur *eine* Wahrheit ist *die* Wahrheit, unbedingt, wenn nicht für Gott, so für den Menschen; der Mensch kann sich nicht bedingungslos einsetzen, wenn er nicht seiner Wahrheit als der einzigen glaubt.

Dagegen ist zu sagen: Da es dem Menschen unmöglich ist, im Zeitdasein die Transzendenz als erkennbaren Gegenstand, identisch für jedermann, wie ein Ding in der Welt zu haben, so kann jede Weise der Einen Wahrheit als absoluter in der Welt in der Tat nur geschichtlich sein: unbedingt für diese Existenz und gerade darum nicht allgemeingültig. Da es aber dem Menschen nicht unmöglich, sondern nur psychologisch unendlich schwer ist, in ganzem Einsatz die eigene Wahrheit durchzuführen unter gleichzeitiger Anerkennung der Wahrheit des Anderen, die nicht Wahrheit für ihn selbst ist, und unter gleichzeitigem Festhalten der Relativität und Partikularität aller allgemeingültigen Wahrheit, so darf er der höchsten Forderung der Wahrhaftigkeit, das nur scheinbar Unvereinbare doch zugleich zu vollziehen, nicht ausweichen. *(VE 96 f.)*

Kommunikation als Maß der Wahrheit

Das unobjektivierbare Maß der Wahrheit allen Philosophierens ist jederzeit die durch es erhellte und bewirkte Kommunikation. Zur Grundfrage wird: *welche Gedanken sind notwendig, damit die tiefste Kommunikation möglich werde?* *(P II 117)*

Für Vernunft im Zeitdasein ist Wahrheit an Kommunikation gebunden. Kommunikationslose Wahrheit wird ihr identisch mit Unwahrheit. Wahrheit, die sich an Kommunikation bindet, ist nicht fertig, horcht in der Mitteilung auf Widerhall und prüft sich selbst und den anderen. Sie ist unterschieden von aller einseitigen Verkündigung. Nicht ich bringe die Wahrheit, sondern ich suche mit dem Begegnenden nach der Wahrheit, hörend, fragend, versuchend. *(VW 36)*

Wahrheit ist, was uns verbindet. *(PG 40)*

Zweideutigkeit der Wahrheit

Die Zweideutigkeit der Wahrheit hat keine Verwandtschaft mit der Unredlichkeit, die verbirgt oder die absichtlich eine gefühlte Zweideutigkeit festhält. Sie ist vielmehr die ungewollte, die in der Mitteilung des Wahren darum liegt, weil das Wesen der Aufnehmenden so ungleich ist. Die Zweideutigkeit zu wagen, nicht sie zu wollen, ist der Mut der Wahrheit. *(N 28 f.)*

Den Irrtum wagen

Wer nur richtig handeln und sprechen will, handelt gar nicht. Er tritt nicht ein in den Prozeß und wird unwahr, weil er unwirklich ist. Wer wahr sein will, muß wagen, sich zu irren, sich ins Unrecht zu setzen, muß die Dinge auf die Spitze treiben oder auf des Messers Schneide bringen, damit sie wahrhaft und wirklich entschieden werden.

(P II 69)

Der bestimmte Irrtum ist stets ergiebiger und wahrhaftiger als die unbestimmte Richtigkeit des Nichtssagenden.

(WP 177)

Wahrhaftigkeit

Philosophierend glauben wir, alles werde uns auf den rechten Weg führen, wenn wir wahrhaftig werden; ohne Wahrhaftigkeit aber sei alles verderbt und verloren. Um Wahrheit sich ohne Einschränkung zu bemühen, ist Bedingung des Lebenssinns. Dieses Bemühen verlangt Besonnenheit und Ruhe in der Leidenschaft zur Wahrheit. Denn schon im unkritischen Wahrheitsfanatismus wird sie unwahr und geht verloren. *(PGO 471)*

Redlichkeit bleibt der letzte Grund, wenn alle Wahrheit in bestimmter Gestalt zu schwinden scheint; sie ist im Scheitern des Erkennens der immer mögliche Anfang, das Unzerstörbare, so lange Selbstsein ist. *(N 202)*

Lüge und Verlogenheit

Lüge, um sich Vorteile zu verschaffen, ist bewußt und dann keine kleine »Leistung«. Denn sie fordert, wenn sie

Erfolg haben soll, eine raffinierte Methode nach dem Prinzip: Es kommt nicht darauf an, ob etwas wahr ist, sondern ob es als wahr wirkt, und sie fordert angesichts der auftretenden widersprechenden Realitäten eine erfinderische Geistesgegenwart, um die Lüge festzuhalten. Viel häufiger ist daher die Lüge zugleich als Selbsttäuschung in der Täuschung des anderen. Dann lügt der Mensch nicht nur, sondern belügt sich selbst, weil er wahr und falsch nicht ständig zu unterscheiden strebt. Er redet sich hinein und redet sich heraus; er lügt nicht, indem er selbst klar weiß, was wahr ist, sondern er ist im Zustand der Verlogenheit. Er verschleiert vor sich, was er nicht sehen will. Wer sich aber der Lüge in der Verlogenheit ergibt, lebt in irrealen Vorstellungen. Plötzlich vor eine seine Vorstellungen widerlegende Realität gestellt, kann er sich im Augenblick zwar nicht entziehen, aber vergißt sogleich und sinkt zurück in neue verlogene Auffassung seiner konkreten Lüge. *(AZM 213)*

Ursprung der Wissenschaft

Ursprung der Wissenschaft ist nicht Machtwille über die Dinge (obgleich auch er eine fördernde Wirkung einmal hier und da gehabt hat), sondern der Wahrheitswille selber. Die verehrungswürdigsten Menschen, die selbstlosesten, ohne Machtwillen, beflügelt von dem Wissenkönnen stehen in der Reihe der großen Forscher und Gelehrten der letzten Jahrhunderte (und andere Gestalten, wie Bacon, Descartes, bei denen man wohl auch an jene Mißdeutung der Sache selbst denken könnte). Der Wahrheitswille, diese Würde des Menschen, ist der Ursprung moderner Wissenschaft in ihrem Wesen, die Souveränität seiner Freiheit, wissen zu können. *(VW 25)*

Wissenschaft ist verborgen

Die umfassende, von eigentlicher Leidenschaft der Existenz getriebene Wissenschaft ist ... notwendig gebunden an die geschichtlich bedingte Struktur einer tiefen Seele. Sie ruht auf einem sehr verletzlichen, keineswegs durch verläßliche Dauer durch Generationen garantierten Grunde. Daher hat diese Wissenschaft spezifische, zu ihr gehörende *Gefahren:* Sie beruht auf einer Verwicklung der Motive, so verschlungen, daß bei Wegfall eines einzigen die Wissenschaft selbst lahm oder leer wird; die Folge ist, daß in der modernen Welt in allen Jahrhunderten Wissenschaft als Wirklichkeit stets selten war und immer seltener geworden ist. Der beherrschende Lärm der Ergebnisse in der Gestaltung der materiellen Welt und in den Phrasen der auf dem ganzen Erdball geredeten »aufgeklärten« Weltanschauung kann nicht darüber täuschen, daß die Wissenschaft, dieses scheinbar Geläufigste, das Allerverborgenste ist. Der moderne Mensch als solcher weiß zumeist gar nicht, was Wissenschaft ist, hat nicht eigentlich erfahren, was zu ihr treibt. Selbst die Forscher, die auf ihrem Fachgebiet noch Entdeckungen machen – unbewußt eine von anderen Mächten in Gang gebrachte Bewegung vermöge der auf Leistungen im Betrieb stehenden Prämien eine Weile fortsetzend –, wissen oft nicht, was Wissenschaft ist, und verraten es in ihrem gesamten Verhalten außerhalb jenes kleinen Gebietes, in dem sie noch Meister sind. *(NC 62 f.)*

Merkmale der Wissenschaft

Wissenschaft hat drei unerläßliche Merkmale: Sie ist methodische Erkenntnis, ist zwingend gewiß und allgemeingültig. *(UZG 111)*

Grenzen der Wissenschaft

Wissenschaftliche *Sacherkenntnis* ist nicht *Seinserkenntnis*. Wissenschaftliche Erkenntnis ist partikular, auf bestimmte Gegenstände, nicht auf das Sein selbst gerichtet. Wissenschaft bewirkt daher philosophisch grade durch Wissen das entschiedenste Wissen um das Nichtwissen, nämlich das Nichtwissen dessen, was das Sein selbst ist.

Wissenschaftliche Erkenntnis vermag *keinerlei Ziele* für das Leben zu geben. Sie stellt keine gültigen Werte auf. Sie kann als solche nicht führen. Sie verweist durch ihre Klarheit und Entschiedenheit auf einen anderen Ursprung unseres Lebens.

Wissenschaft vermag keine Antwort zu geben auf die Frage nach ihrem *eigenen Sinn*. Daß Wissenschaft da ist, beruht auf Antrieben, die selbst nicht wissenschaftlich als wahre und seinsollende bewiesen werden können. *(EP 7f.)*

Endlosigkeit der Forschung

Der Forscher macht die tödliche Erfahrung, daß beim Weiterforschen er ins Endlose gerät und dieses Endlose ihn gleichsam auffrißt, daß er immer mehr Richtigkeiten häuft, die nicht zu bezweifeln sind, aber die durch die Häufung ihn gleichsam ertränken. All die Schwierigkeiten an den Universitäten durch Massenzustrom und dergleichen sind zu bewältigen. Aber daß die Forschung derartige Dimensionen annimmt, daß der Spezialist im eigenen Bereiche die unermeßliche Vielfachheit des Publizierten gar nicht mehr überblicken kann, das fängt heute an, manchen Forschern als etwas äußerst Bedrohliches zu erscheinen. Wodurch wird die Endlosigkeit in der Forschung überwunden? ... Die Endlosigkeit ist wie eine Bombe, die die Wissenschaft selber sprengt. *(ChT 10f.)*

Wissenschaftsaberglaube

Der *Wissenschaftsaberglaube* ist zu durchleuchten und zu überwinden. In unserem Zeitalter rastlosen Unglaubens griff man zur Wissenschaft als vermeintlich festem Halt, glaubte an sogenannte wissenschaftliche Ergebnisse, unterwarf sich blind vermeintlichen Sachverständigen, glaubte, daß durch Wissenschaft und Planung die Welt im ganzen in Ordnung zu bringen sei, erwartete von der Wissenschaft Ziele für das Leben, welche doch Wissenschaft nie zu geben vermag, – und erwartete eine Erkenntnis des Seins im Ganzen, das der Wissenschaft unerreichbar ist. *(PG 132)*

Wissenschaft und Philosophie

Es gibt ein Denken, das nicht im Sinne der Wissenschaft zwingend und allgemeingültig ist, das daher keine Ergebnisse hat, die als solche in Formen der Wißbarkeit Bestand haben. Dieses Denken, das wir das philosophische Denken nennen, bringt mich zu mir selbst, hat Folgen durch das mit ihm vollzogene innere Handeln, macht die Ursprünge in mir wach, die auch der Wissenschaft erst ihren Sinn geben.

Daher kommt es darauf an, Wissenschaft zu ihrer möglichsten Reinheit als einem ihrer Methoden bewußten, zwingenden und allgemeingültigen Erkennen zu bringen und ihre Ergebnisse als solche aufzufassen. Zugleich aber kommt es darauf an, das philosophische Denken, das nicht gegen Wissenschaft, sondern stets mit ihr im Bunde ist, das nicht Überwissenschaft ist, sondern ein dem Sinne nach radikal anderes Denken vollzieht, ebenso rein herauszuarbeiten. Der Ernst der Verantwortung für die Reinheit der Wissenschaft ist unlösbar von dem Ernst des mich zu mir selbst bringenden Denkens der Philosophie. *(PuW 318 f.)*

Giordano Bruno und Galilei

Giordano Bruno glaubte und Galilei wußte. Äußerlich waren beide in der gleichen Lage. Ein Inquisitionsgericht verlangte unter Drohung des Todes den Widerruf. Bruno war zum Widerruf mancher, aber nicht der für ihn entscheidenden Sätze bereit; er starb den Märtyrertod. Galilei widerrief die Lehre von der Drehung der Erde um die Sonne, und man erfand die treffende Anekdote von seinem nachher gesprochenen Wort: und sie bewegt sich doch. Das ist der Unterschied: Wahrheit, die durch Widerruf leidet, und Wahrheit, deren Widerruf sie nicht antastet. Beide taten etwas dem Sinne der von ihnen vertretenen Wahrheit Angemessenes. Wahrheit, aus der ich lebe, ist nur dadurch, daß ich mit ihr identisch werde; sie ist in ihrer Erscheinung geschichtlich, in ihrer objektiven Aussagbarkeit nicht allgemeingültig, aber sie ist unbedingt. Wahrheit, deren Richtigkeit ich beweisen kann, besteht ohne mich selber; sie ist allgemeingültig, ungeschichtlich, zeitlos, aber nicht unbedingt, vielmehr bezogen auf Voraussetzungen und Methoden der Erkenntnis im Zusammenhang des Endlichen. Es wäre ungemäß, für eine Richtigkeit, die beweisbar ist, sterben zu wollen. Wo aber der Denker, der des Grundes der Dinge inne zu sein glaubt, seine Sätze nicht zu widerrufen vermag, ohne dadurch die Wahrheit selber zu verletzen, das ist sein Geheimnis. Keine allgemeine Einsicht kann von ihm fordern, Märtyrer zu werden. Nur daß er es wird, und zwar, wie Bruno, nicht aus schwärmerischem Enthusiasmus, nicht aus dem Trotz des Augenblicks, sondern nach langer, widerstrebender Selbstüberwindung, das ist ein Merkmal echten Glaubens, nämlich der Gewißheit von Wahrheit, die ich nicht beweisen kann wie wissenschaftliche Erkenntnis von endlichen Dingen. *(PG 11)*

Philosophie ist unumgänglich

Da die Philosophie für den Menschen unumgänglich ist, ist sie jederzeit da in einer Öffentlichkeit, in überlieferten Sprichwörtern, in geläufigen philosophischen Redewendungen, in herrschenden Überzeugungen, wie etwa in der Sprache der Aufgeklärtheit, der politischen Glaubensanschauungen, vor allem aber vom Beginn der Geschichte an in Mythen. Der Philosophie ist nicht zu entrinnen. Es fragt sich nur, ob sie bewußt wird oder nicht, ob sie gut oder schlecht, verworren oder klar wird. Wer die Philosophie ablehnt, vollzieht selber eine Philosophie, ohne sich dessen bewußt zu sein. *(E 13)*

Was ist ein Philosoph?

Der Mensch als mögliche Existenz ist *Philosoph.* Was aber ein Philosoph sei, gewinnt wie Existenz nie endgültige Objektivierung. Philosoph zu sein, ist kein spezifischer Beruf; der Philosoph ist auch kein gestaltetes Ideal, nach dem der Mensch sich formen könnte, um es zu werden; das Sein des Philosophen ist das Selbstwerdenwollen, das in der Breite des Philosophierens sich Raum, Möglichkeit und Ausdruck schafft. Der Philosoph wird nicht im Bilde schaubar. Die geschichtlichen Gestalten des philosophischen Menschen haben untereinander das Verwandte: sie lebten in Befreiung von den Fesseln, die an objektive Autoritäten oder an die Welt als blindes Glücksstreben und als Betrieb der Daseinsfürsorge binden, unabhängig aus eigenem Grunde in gegenseitigem Appell, eine Gemeinschaft selbstseiender Geister. *(P II 411)*

Jede Philosophie definiert sich selbst durch ihre Verwirklichung. Was Philosophie sei, das muß man versuchen.
(E 14)

Die Philosophie, wo sie gelingt, ist jenes einzige Denken, in dem logische Abstraktheit und wirkliche Gegenwart gleichsam identisch werden. *(VE 41)*

Wenn philosophieren sterben lernen ist, so ist dieses Sterbenkönnen gerade die Bedingung für das rechte Leben. Leben lernen und sterben können ist dasselbe. *(E 121)*

Im Philosophieren liegt die Offenheit für jede Weise des Lebenkönnens, nicht nur um sie zu verstehen, sondern um sie in dem Sinn ihrer Wahrheit anzuerkennen. *(PG 90)*

Philosophische Meditation ist ein Vollzug, in dem ich zum Sein und zu mir selbst komme, nicht ein indifferentes Denken, bei dem ich unbeteiligt mit einem Gegenstand mich beschäftige. Bloßes Zuschauen wäre nichtig. *(RA 401)*

Philosophie ist die Denkungsart, die als Gesamtverfassung zum Wesen eines Menschen wird. *(KS 8)*

Philosophie ist der Weg des denkenden Umgangs des Menschen mit der Transzendenz: sein bewußtes Ergreifen der Gottheit in der Welt. *(WP 25 f.)*

Das höchste Wissen der Philosophie spricht sich als Nichtwissen aus, das aber nicht das anfängliche, zugunsten des Wissens aufzuhebende Unwissen, sondern das auf dem Grunde allen Wissens, erst an dessen Grenzen sich vollendende Nichtwissen ist. *(PGO 475)*

Aber im Philosophieren geschieht, was von allen sie Verwerfenden nicht gesehen wird: mit ihm gewinnt der Mensch seinen Ursprung. In diesem Sinn ist Philosophie unbedingt und zwecklos. Sie kann weder aus einem anderen her begründet noch durch Brauchbarkeit für etwas gerechtfertigt werden. Sie ist kein Balken und ist kein Strohhalm, an dem man sich halten könnte. Man kann nicht über Philosophie verfügen. Man kann sie nicht benutzen.

(PG 123)

Man fordert vom Philosophen, er solle nach seiner Lehre leben. Dieser Satz drückt das mit ihm Gemeinte schlecht aus. Denn der Philosoph hat keine Lehre im Sinne von Vorschriften, unter die die einzelnen Fälle des realen Daseins subsumiert werden könnten, wie Dinge unter empirisch erkannte Gattungen, oder Tatbestände unter juristische Normen. Philosophische Gedanken lassen sich nicht anwenden, vielmehr sind sie die Wirklichkeit, von der man sagen kann: im Vollzug dieser Gedanken lebt der Mensch selbst oder: das Leben ist mit dem Gedanken durchdrungen. Daher die Untrennbarkeit von Menschsein und Philosophieren (im Unterschied von der Trennbarkeit des Menschen von seiner wissenschaftlichen Erkenntnis), und die Notwendigkeit, einen philosophischen Gedanken nicht nur nachzudenken, sondern mit diesem Gedanken zugleich des philosophischen Menschseins innezuwerden, das ihn gedacht hat. *(E 123)*

Denn das Denken als solches hat eine überwältigende Macht für unsere innere Verfassung. Was ich denke mit der Gewißheit, es sei so, oder mit dem Wissen um seine Möglichkeit, das bewirkt mein Seinsbewußtsein, meine Entwürfe, meine Sorgen und meine Hoffnungen, meinen

Mut und meine Ohnmacht. Der Gedanke kann mir geben, woran ich mich halte; er kann mehr noch mich berauben. Wenn aber der Gedanke gefährlich ist, so ist er doch das Wagnis, mit dem allein zum Eigentlichen zu kommen ist, das ich in der Fraglosigkeit des Nichtdenkens in dumpfem Ungenügen entbehre. *(W 29)*

Im Raum eines Volkes haben die Philosophen ihren Ort. Sie möchten gehört werden, und sie werden gehört. Sie wissen nicht den konkreten Rat für den Augenblick, aber sie möchten bei diesem Rat mit ihrer Denkungsart zugegen sein. Philosophieren vertieft die praktische Urteilskraft. Der »Irrealismus« der Philosophie kann sich auf die Dauer als der treffendere Realismus erweisen. *(FW 14)*

Philosophie führt zur Wirklichkeit

Philosophieren, das echt ist, müßte der neuen Wirklichkeit gewachsen sein und selbst in ihr stehen. *(VE 12)*

Halbe Philosophie führt von der Wirklichkeit fort, ganze zu ihr hin. *(EP 85)*

Die Endfrage des Philosophierens bleibt die nach der *Wirklichkeit* selbst. *(EP 55)*

Was immer auch Philosophie sein mag, sie ist in unserer Welt und muß sich auf sie beziehen.

Sie durchbricht zwar die Weltgehäuse, um ins Unendliche sich zu bewegen. Aber sie kehrt zurück, um im Endlichen den je einzigen geschichtlichen Boden zu finden.

Sie drängt zwar in die weitesten, das Weltsein überschreitenden Horizonte, um das Gegenwärtige im Ewigen zu erfahren. Aber noch die tiefste Meditation gewinnt ihren Sinn in der Rückbeziehung auf die Existenz des Menschen hier und jetzt. *(KS 163)*

Ursprung und Ziel der Philosophie

Der Ursprung der Philosophie liegt zwar im Sichverwundern, im Zweifel, in der Erfahrung der Grenzsituationen, aber zuletzt, dieses alles in sich schließend, in dem Willen zur eigentlichen Kommunikation. *(E 27)*

Man kann sagen, eine philosophische Erörterung erreiche ihr Ziel, wenn die Sache gegenstandslos werde, in dem zweideutigen Sinn, daß für den Positivisten nichts übrig bleibt, weil er keinen Gegenstand mehr sieht, daß aber damit für den Philosophen gerade das Licht aufgeht. Im gegenständlich Verschwindenden kann er zwar nicht das eigentliche Sein ergreifen, aber von ihm erfüllt werden. *(PG 28 f.)*

Heute läßt sich von der Philosophie vielleicht in folgenden Formeln sprechen; ihr Sinn sei:

die Wirklichkeit im Ursprung erblicken –

die Wirklichkeit ergreifen durch die Weise, wie ich denkend mit mir selbst umgehe, im inneren Handeln – uns aufschließen für die Weite des Umgreifenden –

Kommunikation von Mensch zu Mensch durch jeden Sinn von Wahrheit in liebendem Kampfe wagen –

Vernunft noch vor dem Fremdesten und vor dem Versagenden geduldig und unablässig wach erhalten.

Philosophie ist das Konzentrierende, wodurch der Mensch er selbst wird, indem er der Wirklichkeit teilhaftig wird. *(E 15)*

Die Philosophie, immer in Gestalt der Bemühung eines Einzelnen, sucht die Universalität zu verwirklichen, die Offenheit des Menschen zu bewahren, das Einfache herauszuheben, es zu konzentrieren und in seiner Unergründlichkeit zu erhellen. *(PG 89)*

Jeder wesentliche Gedanke der Philosophie weist über sich hinaus in die Wirklichkeit, die den Sinn des Philosophierens erfüllt. Dort erst geschieht, was als gemeinter Inhalt einer Aussage nicht mehr zu treffen ist.

Das Philosophieren hat gleichsam zwei Flügel, der eine schlägt in der Anstrengung des mitteilbaren Denkens, in der Lehre eines Allgemeinen, der andere schlägt mit solchem Denken in der Existenz des Einzelnen. Nur beide Flügel gemeinsam gewinnen den Aufschwung.

In der Besinnung denkender Aneignung wird Klarheit gewonnen für das, was Wirklichkeit nur hat in der Lebenspraxis.

Philosophie führt dorthin, wo jeder Einzelne sich geschenkt wird, nicht durch Philosophie, sondern durch Transzendenz, und wo er durch seine Existenz entscheidet. *(ChT 107)*

Der letzte Sinn aber allen philosophischen Denkens ist das *philosophische Leben* als das Tun des Einzelnen im inneren Handeln, durch das er er selbst wird. *(P II 325)*

Philosophie leitet nicht ab, sondern Philosophie verändert den Menschen! *(Pr 176)*

Die Philosophie erzeugte stets und erzeugt heute die Revolution der Denkungsart. *(PGO 473)*

Philosophieren als Schule der Unabhängigkeit

Das Philosophieren erwächst einer Unabhängigkeit in der Welt, welche identisch ist mit absoluter Bindung durch ihre Transzendenz. Eine vermeintliche Unabhängigkeit ohne Bindung wird alsbald leeres Denken, das heißt formales Denken, ohne beim Inhalt gegenwärtig zu sein, ohne an der Idee teilzunehmen, ohne auf Existenz gegründet zu sein. Diese Unabhängigkeit wird zur Beliebigkeit vor allem des Negierens. Es kostet sie nichts, alles in Frage zu stellen ohne irgendeine die Frage führende, bindende Macht. *(E 113)*

Wie läßt sich die heute mögliche Unabhängigkeit des Philosophierens umkreisen?

keiner philosophischen Schule sich verschreiben, keine aussagbare Wahrheit als solche für die ausschließend eine und einzige halten, Herr seiner Gedanken werden;

nicht einen Besitz der Philosophie häufen, sondern das Philosophieren als Bewegung vertiefen;

ringen um Wahrheit und Menschlichkeit in der bedingungslosen Kommunikation;

sich fähig machen, von allem Vergangenen aneignend zu lernen, auf die Zeitgenossen zu hören, aufgeschlossen zu werden für alle Möglichkeiten;

und je als dieser Einzelne sich einsenken in die eigene Geschichtlichkeit, in diese Herkunft, in dies, was ich getan habe, übernehmen, was ich war, wurde und was mir geschenkt wird;

nicht aufhören, durch die eigene Geschichtlichkeit hineinzuwachsen in die Geschichtlichkeit des Menschseins im ganzen und damit in das Weltbürgertum ...

Philosophieren aber ist die Schule dieser Unabhängigkeit, nicht der Besitz der Unabhängigkeit. *(E 115)*

Prophetische Philosophie

... die Philosophie war von jeher mehr als nur universale Betrachtung, sie gab Impulse, stellte Werttafeln auf, gab dem Menschenleben Sinn und Ziel, gab ihm die Welt, in der er sich geborgen fühlte, gab ihm mit einem Wort: Weltanschauung. Die universale Betrachtung ist noch keine Weltanschauung, dazu müssen die Impulse kommen, die den Menschen in seiner Totalität treffen und von seiner Totalität ausgehen. Philosophen waren nicht nur ruhige, unverantwortliche Betrachter, sondern Beweger und Gestalter der Welt. Diese Philosophie nennen wir *prophetische Philosophie.* Sie steht der universalen Betrachtung dadurch als wesensverschieden gegenüber, daß sie Weltanschauung *gibt,* daß sie Sinn und Bedeutung zeigt, daß sie Werttafeln als Normen, als geltend aufstellt. Nur dieser Philosophie gebührte der Name Philosophie, wenn der Name den edlen, mächtigen Klang behalten soll. Aber der Name ist heute für die universale Betrachtung üblich geworden, heute, wo es eine prophetische Philosophie, außer in romantischen Wiederherstellungsversuchen schwächlicher Art, nicht gibt. So heißt heute Philosophie, was deutlicher und klarer Logik, Geschichte der Philosophie, Soziologie und Psychologie heißen würde. *(PW 2)*

Existenzphilosophie

Existenzphilosophie ist das alle Sachkunde nutzende, aber überschreitende Denken, durch das der Mensch er selbst werden möchte. Dieses Denken erkennt nicht Gegenstände, sondern erhellt und erwirkt in einem das Sein dessen, der so denkt. *In die Schwebe gebracht* durch Überschreiten aller das Sein fixierenden Welterkenntnis (als philosophische Weltorientierung), *appelliert* es an seine

Freiheit (als Existenzerhellung) und schafft den Raum seines unbedingten Tuns im *Beschwören* der Transzendenz (als Metaphysik). *(GSZ 161)*

Die Existenzphilosophie ist *die Philosophie des Menschseins, welche wieder über den Menschen hinauskommt.* (GSZ 150)

Existenzerhellung erkennt nicht die Existenz, sondern appelliert an ihre Möglichkeiten. Sie würde aber als Existentialismus ein Sprechen wie von einem erkannten Gegenstand sein und würde, gerade weil sie der Grenzen innewerden und den unabhängigen Grund erhellen soll, nur um so tiefer in die Irre gehen, indem sie Erscheinungen der Welt unter ihre Begriffe erkennend und beurteilend subsumierte. *(VE 66)*

Philosophie der Vernunft

Vor Jahrzehnten habe ich von Existenzphilosophie gesprochen und damals hinzugefügt, es handle sich nicht um eine neue, nicht um eine besondere Philosophie, sondern um die eine, ewige Philosophie, der für einen Augenblick des Verlorenseins an das bloß Objektive der Kierkegaardsche Grundgedanke als Akzent gegeben werden dürfe.

Heute möchte ich die Philosophie eher Philosophie der Vernunft nennen, weil es dringlich scheint, dies uralte Wesen der Philosophie zu betonen. Geht Vernunft verloren, so geht die Philosophie selber verloren. *(VW 49 f.)*

In der Philosophie spricht Neusein gegen das Wahrsein. Wahrhaft Neues tritt in Jahrtausenden einmal auf. Das Neue meines Philosophierens hat auch nicht in einer Spur den Charakter des Schaffens eines schlechthin Neuen, wie es in der Philosophiegeschichte bei den Vorsokratikern, bei Kant geschehen ist. Vielmehr nährt sich mein Philosophieren bei jedem Schritte aus der Überlieferung. Ich sehe in meinem Denken die natürliche und notwendige Konklusion des bisherigen abendländischen Denkens, die unbefangene Synthesis vermöge eines Prinzips, das in seiner Weite aufzunehmen vermag alles, was in irgendeinem Sinne wahr ist.

(W 192)

Weltphilosophie

Wir sind auf dem Wege vom Abendrot der europäischen Philosophie durch die Dämmerung unserer Zeit zur Morgenröte der Weltphilosophie. *(RA 391)*

Eine kommende Philosophie des Erdkreises wird der Raum sein müssen, in dem die spezifische Geschichtlichkeit des je eigenen Philosophierens sich hell wird in bezug auf die eine Geschichtlichkeit des Menschseins im Ganzen. *(WP 76)*

Religion und Philosophie

Religion kennt den Kultus, ist gebunden an eine eigentümliche dem Kultus entspringende Gemeinschaft der Menschen und untrennbar vom Mythus. Immer gehört zur Religion die reale Beziehung des Menschen zur Transzendenz in Gestalt eines in der Welt vorkommenden Heiligen als eines vom Profanen oder Unheiligen Abgegrenzten. Wo dies nicht mehr da ist oder verworfen wird, da ist das Eigentümliche der Religion verschwunden. Fast die gesamte Menschheit lebt, soweit historische Erinnerung reicht, religiös, ein nicht zu überhörender Hinweis auf Wahrheit und Wesentlichkeit in der Religion.

Philosophie dagegen kennt als solche keinen Kultus, keine priesterlich geführte Gemeinschaft, keine vom anderen Weltdasein ausgenommene Heiligkeit in der Welt. Ihr kann überall und jederzeit gegenwärtig sein, was die Religion irgendwo lokalisiert. Sie ist dem Einzelnen erwachsen in freien, nicht soziologisch realen Beziehungen, ohne Garantie einer Gemeinschaft. Philosophie ist ohne Riten und ohne ursprünglich reale Mythen. Sie wird in freier Überlieferung jeweils verwandelnd angeeignet. Sie bleibt, obgleich dem Menschen als Menschen zugehörig, Sache Einzelner.

Religion drängt vorwiegend zur Leibhaftigkeit, Philosophie nur zur wirkenden Gewißheit. – Der Religion erscheint der Gott der Philosophen arm, blaß, leer, sie nennt die philosophische Haltung abschätzig »Deismus«; der Philosophie erscheinen die religiösen Leibhaftigkeiten wie eine trügerische Verschleierung und falsche Annäherung. – Die Religion schilt den Gott der Philosophie als bloße Abstraktion, die Philosophie mißtraut den religiösen Gottesbildern als Verführung zu wenn auch noch so großartigen Götzen.

(PG 62)

Religion und Philosophie sind aufeinander angewiesen

Religion braucht, um wahrhaftig zu bleiben, das Gewissen der Philosophie. Philosophie braucht, um gehaltvoll zu bleiben, die Substanz der Religion. *(RA 422)*

Kampf zwischen Religion und Philosophie

Zwischen Philosophie und Religion findet ein *Kampf* statt. Sofern dieser nicht um Dasein in der Welt, sondern um Wahrheit geht, also nicht durch Gewalt, sondern geistig mit Gründen, Tatsachen, Fragen stattfindet, muß für ihn folgende Regel gelten: Wenn Philosophie und Religion einander entgegengesetzt werden, muß man beide auf gleichem Niveau, darf nicht die eine in hoher, die andere in abgeglittener Gestalt ins Auge fassen. *(EP 81)*

Entscheidung zwischen Religion und Philosophie

Dieser Entscheidung zwischen Religion und Philosophie kann sich redlich kein Mensch entziehen, will er nicht in dunkler Unbestimmtheit verharren. Aber darum sind Philosophie und Religion doch niemals zwei koordinierte Möglichkeiten, zwischen denen gewählt würde; sondern die Entscheidung wird erst bewußt, wenn ich schon auf der einen Seite stehe. Religion kann von der Philosophie her und Philosophie von der Religion her weder wissend überblickt noch auch nur eigentlich gesehen werden. Die Wahl erfolgt mithin dadurch, daß ich schon entweder philosophiere oder nicht und nun entschieden übernehme, was ich darin bin. *(P I 301)*

Der Wechsel

Es ist zu vermuten, daß ein zum religiösen Glauben Gekommener, der vorher Philosoph war, niemals beim eigentlichen Philosophieren war, – wie es aber dem Philosophierenden geht, der vom religiösen Glauben her kommt, das ist vielleicht die Spannung dieses Glaubens selbst. *(EP 80 f.)*

Der philosophische Glaube

... der Mensch ist nicht fähig, nicht zu glauben. *(GSZ 140)*

Es ist zu fragen, ob Glauben außerhalb der Religion überhaupt möglich ist. Philosophieren entspringt in diesem Fragen. Sinn des Philosophierens ist heute, sich in seinem unabhängigen Glauben aus eigenem Grunde zu vergewissern. *(GSZ 142)*

Der *philosophische Glaube* ist die Substanz eines persönlichen Lebens; er ist die Wirklichkeit des Philosophierenden in seinem geschichtlichen Grunde, in dem er sich geschenkt wird. *(EP 79)*

Der philosophische Glaube ist negativ zu charakterisieren: er kann nicht Bekenntnis werden. Sein Gedanke wird nicht Dogma. Der philosophische Glaube kennt nicht den festen Halt an einem objektiven Endlichen in der Welt, weil er seine Sätze, Begriffe und Methoden nur benutzt, ohne sich ihnen zu unterwerfen. Seine Substanz ist schlechthin geschichtlich und nicht in dem Allgemeinen - in dem er allein sich aussprechen kann - zu fixieren.

Der philosophische Glaube muß daher in der geschichtlichen Situation immer wieder aus dem Ursprung schöpfen. Er gewinnt keine Ruhe in einem Bestand. Er bleibt das Wagnis radikaler Offenheit. Er kann sich nicht auf sich als Glauben berufen als auf Inappellables. Sondern er muß sich zur Erscheinung bringen in der Weise des Denkens und Begründens. Schon im Pathos des unumgänglichen Behauptens, das wie Verkündigung klingt, sind wir philosophisch in Gefahr des Verlierens. *(PG 15 f.)*

Namen der Transzendenz

Namen der Transzendenz sind ins Endlose zu häufen. Die im Abendland maßgebenden Namen (Sein, Wirklichkeit, Gottheit, Gott) sind unbestimmt, aber durch geschichtliche Überlieferung feierlich, ja unendlich gehaltvoll:

Sofern wir die Transzendenz *denken* als das Umgreifende, nennen wir sie das *Sein*. Es ist das Sein, das bestehend, unwandelbar, täuschungslos ist. Aber es ist als dieses ruhige, dieses freilassende Sein nur für das abstrakte transzendierende Denken.

Sofern wir mit der Transzendenz *leben*, ist sie die *eigentliche Wirklichkeit*. Sie ist uns fühlbar als das uns wesentlich Angehende, das uns Anziehende, Haltgebende.

Sofern in dieser Wirklichkeit ein Forderndes, Herrschendes, uns Umfangendes zu uns spricht, nennen wir die Transzendenz *Gottheit*.

Sofern wir als Einzelne uns *persönlich getroffen* wissen, als Person zur Transzendenz als Person einen Bezug gewinnen, nennen wir sie *Gott*.

Als Sein, Wirklichkeit, Gottheit, Gott wird zwar Transzendenz kein Gegenstand, aber die Namen weisen hin auf die Erfahrung, in denen sie berührt wird. *(W 111)*

Festhalten an der Transzendenz

Ich glaube nicht, daß man entschiedener an der Transzendenz festhalten kann, als es, wenigstens im Sagen, in meinen Schriften geschehen ist. *(FE 125)*

Daß Gott ist, ist genug

Allein die Transzendenz ist das wirkliche Sein. Daß die Gottheit ist, ist genug. Dessen gewiß zu sein, ist das Einzige, worauf es ankommt. Alles andere folgt daraus. Der Mensch ist der Beachtung nicht wert. In der Gottheit allein ist Wirklichkeit, ist Wahrheit, ist die Unerschütterlichkeit des Seins selbst, dort ist Ruhe, dort ist der Ort der Herkunft und des Ziels für den Menschen, der selbst nichts ist und das, was er ist, nur ist in bezug auf diesen Grund. (RA 406 f.)

Chiffern

Chiffern sind Sprache der Wirklichkeit der Transzendenz, nicht die Transzendenz selber. Sie sind schwebend, vieldeutig, nicht allgemeingültig. Ihre Sprache ist nicht hörbar für unseren Verstand, sondern nur für uns als mögliche Existenz. *(ChT 97)*

Wir leben in der Welt der Chiffern, in der sich uns zeigen soll, was eigentlich ist, aber sich nicht zeigt, sondern in unendlich sich abwandelnden Bedeutungen bleibt.

Chiffern sind gleichsam eine Sprache der Transzendenz, die als von uns hervorgebrachte Sprache doch von dort zu uns dringt. Die Chiffern sind objektiv: in ihnen wird etwas gehört, was dem Menschen entgegenkommt. Die Chiffern sind subjektiv: der Mensch schafft sie nach seiner Vorstellungsweise, Denkungsart, Auffassungskraft. Chiffern sind in der Subjekt-Objekt-Spaltung objektiv und subjektiv zugleich. *(KS 132 f.)*

Das zweite Gebot

Das zweite Gebot: »Du sollst dir kein Bildnis und irgendeine Gestalt machen...« ist das zugleich wahrste und das unmöglichste Gebot. Es durchschaut die Unwahrheit in allem Gegenständlichwerden, aber damit, daß wir es unterlassen sollen, verlangt es zugleich das Aufhören unseres Lebens in der Zeit. Es verlangt zu leben unter Preisgabe der Lebensbedingung. Was immer für uns Sein ist, muß Gestalt werden. Was ohne Gestalt, Bild, Gleichnis – ohne Gegenständlichkeit – bleibt, ist für uns nichts. Alles Offenbarwerden des Seins für uns geschieht durch das schöpferische Bild- und Gestaltschaffen des Menschen (in Wort, Gedanke, Dichtung, Kunstwerk), wodurch er die Wirklichkeit gleichsam auffängt, aber auch einsargt. Will ich, daß der Mensch mehr werde in der Zeit, daß er reicher, erfüllter, wissender werde, muß ich gerade fordern: er solle sich Bildnis und Gleichnis machen. Will ich aber, daß er radikal wahr werde, muß ich fordern: er solle alle Bilder und Gestalten wieder umwerfen. *(W 177)*

Das Mythische als Chiffer

Alles Mythische ist eine Sprache, die verblaßt vor der Transzendenz der einen Gottheit. Wenn wir in der mythischen Sprache als Chiffersprache erblicken, hören, denken, wenn wir keine konkrete Vergewisserung ohne solche Sprache anschaulich machen können, so dürfen wir doch zugleich wissen: Es gibt keine Dämonen, es gibt keine magisch-kausale Wirkung, es gibt keine Zauberei. Darum bleibt doch nicht weniger ein begleitendes und ergreifendes Bild: wie die drei Engel den Abraham besuchen, wie Moses die Gesetzestafeln empfängt, wie Jesaias in der Vision nicht Gott selber, aber seine nächste Erscheinung sieht, wie Gott im Donner den einen, in dem leisen Wehen den andern anspricht, wie Bileams Eselin es besser sieht als ihr Reiter, wie der Auferstandene abwehrend sagt: *noli me tangere,* wie er zum Himmel fährt, wie der Heilige Geist die Gläubigen ergreift, und so fort ins Unendliche. *(FE 45)*

Nicht Vernichtung, sondern Wiederherstellung der mythischen Sprache ist der Sinn. Denn sie ist Sprache jener Wirklichkeit, die selber nicht empirische Realität ist, der Wirklichkeit, mit der wir existentiell leben, während unser bloßes Dasein sich ständig an die empirische Realität verlieren will, als ob diese allein schon die Wirklichkeit selber sei. *(FE 43 f.)*

Chiffer des Polytheismus

Dem natürlichen Menschen, uns allen, ist der Polytheismus gemäß. Die Götter liegen miteinander im Streit. Was sie fordern, ist nicht zu vereinigen. Der Mensch ist das sich widersprechende Wesen. Er dient Göttern und verletzt dadurch andere. Da tritt mit fremd anmutender Wucht die Macht des Einen auf. Sie duldet nicht das Nur-Natürliche. Sie erweckt einen Willen im Menschen, der anderer Herkunft ist. *(KS 125)*

Chiffer des persönlichen Gottes

Wenn der Mensch der Transzendenz begegnet als Ich dem Du, dann nimmt die Transzendenz die Chiffer der persönlichen Gottheit an. Die Persönlichkeit eines Du ist mit der Transzendenz nicht identisch, sondern eine Chiffer, durch die die Gottheit nahe kommt, aber auch gleichsam beschränkt und faßlich wird und dem Menschen, der ihr begegnet, immer in einer eigentümlichen, diesem Menschen entsprechenden Gestalt in seinem Innern begegnet.

(ChT 59)

Gott als Du

Wer mit Gott direkt verkehrt, wie kann dem noch der einzelne Andere von absoluter Bedeutung sein! Gott als Du, mit dem ich in Verkehr bin, wird ein Mittel des Sichabschließens der verschlossenen Intoleranz gegen das fremde Gewissen. *(P II 272)*

Wenn der persönliche Gott nicht da ist; wenn das Schweigen bedeutet, daß nicht etwa jemand schweigt, der auch reden könnte und reden wird, sondern wenn dieses Schweigen zur Transzendenz überhaupt gehört; wenn das Sprechen durch die Chiffern notwendig vieldeutig bleibt; wenn diese Chiffern zwar eine ungemein ernste Sprache führen, aber niemals leibhaftig greifbar das sind, was der sinnlich endliche Mensch, was wir alle haben möchten, um sicher zu sein: ist dann das Ende des Gottesglaubens oder vielmehr umgekehrt der Anfang der vollkommenen Reinheit des Glaubens an die Transzendenz? Es ist in der Tat ein ungemein harter Anspruch, verglichen mit jener wundersamen Geborgenheit, der Anspruch, durch die Chiffer der Persönlichkeit der Gottheit zu dem zu gelangen, was in Wirklichkeit mehr als Persönlichkeit, Grund der Persönlichkeit ist, wo unser Denken aufhört, worin wir denken und das wir als Gegenstand nie fassen. Wenn dieser harte Anspruch erfüllt wird, auf die Leibhaftigkeit, auf die Garantie durch Handgreiflichkeit der Offenbarung zu verzichten, und um so reiner die existentielle Beziehung zum Grunde dessen, wodurch wir uns geschenkt werden und frei sein können, ersetzt wird, dann ist das Vertrauen da, oder kann da sein, das der Leibhaftigkeit der persönlichen Gottheit zu entbehren vermag. *(ChT 66)*

Existentielle Bedeutung Gottes

Was für einen Gott der Mensch in den Chiffern sieht, das wird der Mensch selber. Das Ringen des Menschen um sich vollzieht sich in seinem Ringen um die Gottheit. *(ChT 44)*

Gott zeigt sich nur indirekt und nicht ohne Liebe von Mensch zu Mensch. *(E 26)*

Gott spricht nur durch unsere eigene Freiheit. *(RA 317)*

Nur wer von Gott ausgeht, kann ihn suchen. *(PG 30 f.)*

Chiffer des Gottmenschen

Der geglaubte Gottmensch war auf Erden wirklich im Scheitern. Das Scheitern des Menschen am Kreuze ist die Gestalt seiner Offenbarung. Darin liegt die Wahrheit, daß das Einssein in der Tat nicht möglich in der Zeit ist, daß die Einheit nur auf den Daseinsbruch zu gründen ist, daß jede immanente Einheit in Gestalt einer Vollendung, einer Schönheit, eines Glanzes auch vitaler Vollendung unmöglich ist. Der christliche Grundgedanke hat daher neben der bösen Gewaltsamkeit in den großen christlichen Denkern zu unersetzlichen Einsichten geführt – derart, daß wir uns ein Philosophieren etwa ohne Augustin kaum vorstellen können. *(W 854)*

Es gibt Theologen, die darauf bestehen, daß Jesus auf den Wogen des Sees ging, Wasser in Wein verwandelte, daß er leibhaftig aus dem Grabe auferstanden ist und als Auferstandener sich leiblich zeigte und verkündigte. Sie wenden sich wohl zornig gegen uns, die Gott, wie sie sagen, verharmlosen, wenn wir dergleichen leugnen als etwas, das gar nicht Gegenstand des Glaubens sein kann.

Ist es vielleicht umgekehrt? Ist nicht dieses Bestehen auf der Leibhaftigkeit dessen, was schlechthin nicht leibhaftig sein kann, dieses Bekennen eines alsbald sich fixierenden Dogmas die Verharmlosung der Wirklichkeit Jesu und der Wirklichkeit des Menschen überhaupt? *(ChT 106)*

Chiffer des Einen

Wo das Eine rational als das Bezwingende gedacht wird, und das Folgen dem Einen als das, wodurch wir überhaupt Wert haben, was ja im Ursprung wahr ist, so geht es in den Despotismus des Einen, den wir ja grauenhaft erlebt haben und der uns noch in den Ohren klingt: »Ein Volk, ein Führer, ein Reich«. Was für eine ungeheure Verkehrung: Verkehrung nämlich des Gedankens des Einen, auf den doch alles ankommt, in etwas, was ruinös zerstört, und was wir in die Formel kleiden, so simpel sie auch klingt: die Verkehrung aus dem qualitativ Einen in das numerisch Eine. *(ChT 58)*

Das *Eine* erreiche ich nicht, indem ich es *für mich* in Anspruch nehme und nun das Bewußtsein habe: das Eine soll verkündet werden, das Eine, dieser eine Gott, ist der einzige Gott und ich kenne ihn, ich weiß ihn, ich habe ihn gehört und alle sollen folgen. Sondern umgekehrt: wer den einen Gott oder *das* Eine der Transzendenz hört, kann in der Welt dem Einen sich nur dadurch nähern, daß in der Welt die Einheit entsteht, vorhin Einheit mit mir selber, Identität mit mir, jetzt Einheit unter Menschen, Kommunikation. Was verbindet, das führt zum Einen. *(ChT 53)*

In meiner Gegenwärtigkeit wird gleichsam das Eine gespiegelt wie die Sonne in den Wassertropfen, und ein solcher Wassertropfen zu sein, ist gleichsam der Sinn der menschlichen Existenz, wenn sie auf das Eine gerichtet ist. Das Eine ist also unendlich fern, ungreifbar, unerkennbar, der Grund alles Seienden, und andererseits ganz nah, wenn ich mir in meiner Freiheit geschenkt werde und auf den Weg des Mit-mir-identisch-Werdens gelange. *(ChT 52)*

Jenseits aller Chiffern

Jenseits aller Chiffern erreicht der Gedanke das vom unergründlichen Grunde erfüllte Schweigen. *(KS 175)*

Mystische Erfahrungen

An den mystischen Erfahrungen kann kein Zweifel sein, auch nicht daran, daß jedem Mystiker in der Sprache, durch die er sich mitteilen möchte, das Wesentliche nicht sagbar wird. Der Mystiker versinkt im Umgreifenden. Was sagbar wird, tritt in die Subjekt-Objekt-Spaltung, und ein ins Unendliche vorandringendes Hellwerden im Bewußtsein erreicht nie die Fülle jenes Ursprungs. Reden können wir aber nur von dem, was gegenständliche Gestalt gewinnt. Das andere ist unmitteilbar. Daß es aber im Hintergrund jener philosophischen Gedanken steht, die wir die spekulativen nennen, macht deren Gehalt und Bedeutung aus.

(E 34)

Ausschließlichkeit

Nicht im eigentlichen biblischen Glauben, aber in den biblischen Schriften liegt eine von ihm bis heute schwer loslösbare Grundhaltung: Die Wahrheit ist *eine,* sie ist durch die Offenbarung im Besitz der Gläubigen. Sie gilt *ausschließlich.* Alle Menschen sollen ihr, gehorsam gegenüber der Verkündigung, folgen. Das ewige Heil der Seele ist davon abhängig. Die Glaubenserkenntnis ist daher eine Sache auf Leben und Tod in der Ewigkeit, so wichtig, daß alles andere dagegen zurücktreten kann. Es ist der Teufelsfuß in den biblischen Schriften und ihren Folgen. *(PGcO 68)*

Wenn die christliche Offenbarung für die einzig wahre gehalten wird; wenn die Offenbarung in der Kirche, im Dogma verkündigt wird; wenn die gesamte Bibel als auf Christus bezogen gelesen wird; wenn man glaubt, daß Gott sein Volk auserwählt habe, erst als die Juden, dann als die christlichen Kirchen; wenn man meint, daß diese Wahrheit die einzige ist, die der ganzen Menschheit zugehöre, die verkündigt werden müsse, und der die ganze Menschheit einst folgen werde; wenn man das auf Grund der Verheißung für gewiß hält; wenn man meint, Gott sei in Jesus Mensch geworden und heiße dann Christus – so muß ich sagen: all das glaube ich nicht. *(ChT 19)*

Diskussion mit Theologen

Zu den Schmerzen meines um Wahrheit bemühten Lebens gehört, daß in der Diskussion mit Theologen es an entscheidenden Punkten aufhört, sie verstummen, sprechen einen unverständlichen Satz, reden von etwas anderem, behaupten etwas bedingungslos, reden freundlich und gut zu, ohne wirklich vergegenwärtigt zu haben, was man vorher gesagt hat, – und haben wohl am Ende kein eigentliches Interesse. Denn einerseits fühlen sie sich in ihrer Wahrheit gewiß, erschreckend gewiß, andererseits scheint es sich für sie nicht zu lohnen um uns ihnen verstockt scheinende Menschen. ... Wer im endgültigen Besitz der Wahrheit ist, kann nicht mehr mit dem andern richtig reden, – er bricht die echte Kommunikation ab zugunsten seines geglaubten Inhalts. *(PG 61)*

Was heißt Bekennen?

Bekennen heißt nicht so sehr das Einstehen im Jasagen zu Sätzen, eher noch das Einstehen im Anerkennen von Persönlichkeiten – wenn man sagt, man bekenne sich zu jemandem und verleugne ihn nicht –, entscheidend aber das Bewähren durch Fühlen und Glauben, durch das Leben selbst, wie es Tag für Tag geführt wird. Das Bekennen in Worten ist demgegenüber wie ein Bekennen zu einer Fahne, was im Kampfe der Parteien, im Kriege um die Macht einer Gemeinschaft sinnvoll wird, nicht aber das Ursprüngliche der substantiellen Wahrheit des Menschseins selbst ist. Wer zu sehen vermag, sieht den Menschen gerade, wenn er das Bekennen in Worten vermeidet. Das Bekennen in Worten dagegen ist zumeist entweder Ausflucht, bei der die Verwirklichung selbst umgangen wird, oder die Angel, an der eine Macht ihren wirklichen oder vermeintlichen Gegner, jedenfalls das ihr Hassenswerte fängt, um es vernichten zu können. *(W 653)*

Ich leugne alle aussagbaren objektiven Bekenntnisakte. *(FE 107)*

Gegen Intoleranz bleibt nur Intoleranz

Wer in menschlicher Vernunft lebt, darf sich im Kampfe mit anderen nicht auf Gott berufen, sondern nur auf Gründe in der Welt. Denn Gott ist Gott so gut des Gegners wie mein Gott. Wie aber, wenn Orthodoxie, wenn der Fanatismus der Konfessionen uns abspricht, Gott zu dienen, im Gehorsam gegen Gott leben zu wollen, wenn unser Gottesbewußtsein von ihnen für Wahn erklärt wird? Gegen Intoleranz bleibt nur Intoleranz. Da es sich hier aber heute nicht mehr um Daseinskampf handelt, da die Ketzervernichtungen im Namen der Offenbarung heute nicht mehr geschehen (wir sollen nie vergessen, daß sie in der Natur der Sache liegen), sondern heute im Namen anderer Instanzen als Gott vor sich gehen, so darf man schweigen wegen der Unerheblichkeit der von orthodoxen Theologen noch immer erteilten Verdikte. *(FE 73)*

Toleranz

Es ist die Sophistik einer bequemen Toleranz, welche gelten, aber sich nicht berühren läßt. Dagegen ist es die Wahrheit der Toleranz, welche hört und gibt und in den unabsehbaren Prozeß der die Gewalt einschränkenden Kommunikation tritt, in welchem der Mensch aus seiner Wurzel die ihm mögliche Höhe erreicht. *(VE 100)*

Liberalität

Die Schwere der Liberalität liegt in der Verantwortung des auf sich selbst zurückgeworfenen Menschen, der nur durch die Freiheit und auf keinem anderen Wege erfährt, wie er sich in ihr, aber nicht durch sie von der Transzendenz geschenkt wird. *(FE 62)*

Aberglaube und Glaube

Aberglaube ist die Fesselung an das Objekt, so daß der Gegenstand das Absolute selbst, eine Endlichkeit die Garantie und Sicherheit für das Unendliche, Immanenz die Transzendenz sein soll. Im Aberglauben wird vermöge der Fixierung an Endlichkeiten die Transzendenz verloren, das abergläubisch ergriffene Endliche aber fanatisch und blind, leidenschaftlich und kommunikationslos festgehalten.

Glaube ist die Bewegung des Innewerdens der Transzendenz, zwar unablösbar vom Endlichen, verloren in jedem Augenblick, wo alle Immanenz verschwindet, aber im Endlichen zum Unendlichen transzendierend. Glaube kennt keine Garantie. Es gibt keine Sicherung in der Welt. Glaube ist unbefangen, offen, tolerant, unfanatisch, nicht zu verfestigen in der menschlichen Gewißheit, sondern an ihr gemessen im Ungewissen bleibend trotz der Unbedingtheit des Lebens aus ihm. *(W 789)*

Unglaube

Unglaube nennen wir jede Haltung, welche in der vermeintlich absoluten Immanenz steht unter Leugnung der Transzendenz. *(PG 90)*

Der Glaube gewinnt sich aus dem Unglauben. Wer nicht die Erfahrung des Unglaubens kennt, vollzieht auch keinen seiner selbst bewußten Glauben. *(PG 110)*

Atheismus

Schon im Alten Testament wird davon erzählt, daß es Menschen gibt, die sagen: »Es ist kein Gott.« Es ist ungemein wesentlich, daß der Mensch diese Aussage machen kann. Wer in der Unruhe steht, wird kaum je um die Augenblicke herumkommen, wo er das sagt, was im Alten Testament in jenem Satze gesprochen ist. *(ChT 37)*

Dem wahrhaft Gläubigen ist der unbedingte Gottlose näher als die gedankenlose Mittelmäßigkeit. *(VE 139)*

Gotteslästerung

Philosophie kennt keine objektive Gotteslästerung. Gott steht jenseits dessen, was sich lästern läßt. Gelästert werden immer nur menschliche Instanzen und Ansprüche. *(PGcO 74)*

Nihilismus

Nihilismus ist psychologisch als *Stufe* unvermeidlich, wenn das Leben zum Selbstbewußtsein kommen will. Alles Tote, Endgültige muß erst in Frage gestellt werden, muß in den Hexenkessel des Nihilismus gezogen werden, wenn eine neue Gestalt des Lebens entstehen soll. Dem Nihilismus ist nicht zu entrinnen, indem man sich herumdrückt, sondern er ist zu erfahren – was nur unter inneren Verzweiflungen möglich ist –, wenn er überwunden und bloßes Element werden soll, das er in allen Geistestypen ist. Er ist in der Welt des seelischen Lebens der Zerstörer des Unlebendigen, das den Schein des Lebens hat. Jede Gestalt des Lebens zieht irgendeinmal den Nihilismus auf sich, nicht aber das Leben selbst. *(PW 303)*

... Nihilismus war von früh an nicht nur der Weg zum Ursprung – der Nihilismus ist so alt wie die Philosophie –, sondern auch das Scheidewasser, in dem das Gold der Wahrheit sich bewähren mußte. *(PG 129)*

Musik der Spekulation

Die philosophischen Gedanken, ... sind gleichsam die Musik der Spekulation. In ihnen ist es ... wie ein Starstechen, nicht um die Dinge der Welt als solche, sondern um in ihnen und in allem Möglichen das Sein selbst zu sehen, – die Denkerfahrung, die nicht ein Wissen von Etwas, sondern Erfahrung des Seins im Vollzug des Denkens bringt. Es ist wie ein Operieren des Denkens, das den Menschen verwandelt, aber keinen Gegenstand hervorbringt. *(VE 145)*

Philosophische Meditation

Verzichtet der Mensch auf das Gebet, sehr begreiflich, wenn die persönliche Gottheit ihm nicht jeden Augenblick oder gar niemals die Chiffer ist, durch die er zur Transzendenz in Beziehung tritt, ich sage: verzichtet der Mensch auf das Gebet, so ist das Gebet in anderer Gestalt sofort wieder da, nämlich als Besinnung in philosophischer Meditation, die denselben Charakter hat, nur nicht unmittelbar auf ein Du gerichtet, aber gerichtet auf Transzendenz. *(ChT 59 f.)*

3. Im Vorschein der Apokalypse

Hitler-Deutschland

Der Hexenwahn

Wir haben etwas erlebt, was dem Hexenwahn des späten Mittelalters entspricht: den Rassenwahn, samt allen Irrungen auf Grund einer sogenannten biologischen Weltanschauung. Diese Vorstellungen hatten dieselben Merkmale wie damals: Unkorrigierbarkeit, Umdeutung aller Gegengründe in Bestätigungen, Ersatz der Begründung durch Sophistik, Terror und Folter, eine angstvolle Ergriffenheit Wohlmeinender, als ob doch etwas daran sein könnte, sadistische Befriedigung anderer, die unersättlich nach noch weiteren, noch grausameren Verfahren drängten.

Hat das alles der Nationalsozialismus gebracht? Doch offenbar nur darum, weil diese Möglichkeiten bereitlagen. Es sitzt irgendwo in unserer vorhergehenden Überlieferung, was hier so unheilvoll ausbrach. *(HS 35)*

Rückhaltlose Klarheit über das Geschehene

Die rückhaltlose Auffassung der Tatsachen der letzten zwölf Jahre und unserer gegenwärtigen Lage ist die wichtigste Voraussetzung. Es ist eine harte Aufgabe, der Wahrheit ins Angesicht zu blicken. Wir müssen erkennen: die Taten des Nationalsozialismus, die Wurzeln und die Zusammenhänge dieser Taten, die Ermöglichung dieses Regimes durch geistige Bereitschaft in allen Kreisen unserer Bevölkerung, die gegenwärtige politische Realität (die endgültige politische Ohnmacht Deutschlands mit ihren Folgen), die weltgeschichtliche Lage und die in ihr verborgenen Möglichkeiten, deren Entwicklung unser eigenes Schicksal ist, ohne daß wir als selbständiger politischer Faktor für dessen Gang zur Geltung kommen können. All das müssen wir klar vor Augen haben. Jedes Unheil, das wir jetzt in der Folge des Zusammenbruchs erfahren, zwingt zu der Einsicht: Dahin hat uns der Nationalsozialismus geführt, und das alles ist möglich, wenn der Gehorsam kritiklos alles dem Führer anvertraut. *(RA 182 f.)*

Schuldbegriffe

Jener Satz: »Das ist eure Schuld« kann bedeuten:

Ihr haftet für die Taten des Regimes, das ihr geduldet habt – hier handelt es sich um unsere politische Schuld.

Es ist eure Schuld, daß ihr darüber hinaus dies Regime unterstützt und mitgemacht habt – darin liegt unsere moralische Schuld.

Es ist eure Schuld, daß ihr untätig dabei standet, wenn die Verbrechen getan wurden – da deutet sich eine metaphysische Schuld an.

Diese drei Sätze halte ich für wahr, obgleich nur der erste über die politische Haftung geradezu auszusprechen und ganz richtig ist, während der zweite und dritte über moralische und metaphysische Schuld in juristischer Gestalt als lieblose Aussagen unwahr werden.

Weiter kann »Das ist eure Schuld« bedeuten:

Ihr seid Teilnehmer an jenen Verbrechen, daher selbst Verbrecher. – Das ist für die überwiegende Mehrzahl der Deutschen offenbar falsch.

Schließlich kann es bedeuten: Ihr seid als Volk minderwertig, würdelos, verbrecherisch, ein Auswurf der Menschheit, anders als alle anderen Völker. – Das ist das Denken und Werten in Kollektiven, das mit seiner Subsumtion jedes einzelnen unter dies Allgemeine radikal falsch und selber unmenschlich ist, ob es in gutem oder bösem Sinne sich vollzieht. *(S 46)*

Schuld und Folge

Die Schuld hat Folgen nach außen für das Dasein, ob nun der Betroffene das begreift oder nicht, und hat Folgen nach innen für das Selbstbewußtsein, wenn ich in der Schuld mich durchschaue.

a) Das Verbrechen findet *Strafe.* Voraussetzung ist die Anerkenntnis des Schuldigen seitens des Richters in seiner freien Willensbestimmung, nicht die Anerkenntnis des Bestraften, daß er mit Recht bestraft werde.

b) Für die politische Schuld gibt es *Haftung* und als ihre Folge Wiedergutmachung und weiter Verlust oder Einschränkung politischer Macht und politischer Rechte. Steht die Schuld im Zusammenhang von Ereignissen, die durch Krieg ihre Entscheidung finden, so kann für die Besiegten die Folge sein: Vernichtung, Deportation, Ausrottung. Oder es kann der Sieger die Folgen in eine Form des Rechtes und damit des Maßes überführen, wenn er will.

c) Der moralischen Schuld erwächst Einsicht, damit *Buße und Erneuerung*. Es ist ein innerer Prozeß, der dann auch reale Folgen in der Welt hat.

d) Die metaphysische Schuld hat zur Folge eine *Verwandlung des menschlichen Selbstbewußtseins vor Gott.* Der Stolz wird gebrochen. Diese Selbstverwandlung durch inneres Handeln kann zu einem neuen Ursprung aktiven Lebens führen, aber verbunden mit einem untilgbaren Schuldbewußtsein in der Demut, die sich vor Gott bescheidet und alles Tun in eine Atmosphäre taucht, in der Übermut unmöglich wird. *(S 34 f.)*

Moralische Schuld

Das *Leben in der Maske* – unausweichlich für den, der überleben wollte – brachte moralische Schuld. Lügenhafte Loyalitätserklärungen gegenüber drohenden Instanzen, wie der Gestapo, – Gebärden wie der Hitlergruß, Teilnahme an Versammlungen und vieles andere, was den Schein des Dabeiseins brachte –, wer von uns hätte in Deutschland nicht irgendwann solche Schuld? Nur der Vergeßliche kann sich darüber täuschen, weil er sich täuschen will. Die Tarnung gehörte zum Grundzug unseres Daseins. Sie belastet unser moralisches Gewissen. *(S 58)*

Die Blindheit für das Unheil der anderen, diese Phantasielosigkeit des Herzens, und die innere Unbetroffenheit von dem gesehenen Unheil, das ist die moralische Schuld. *(S 63)*

Moralische Schuld ist nicht kollektiv

Moralisch kann immer nur der einzelne, nie ein Kollektiv beurteilt werden. Die Denkform, die Menschen in Kollektiven anzuschauen, zu charakterisieren und zu beurteilen, ist ungemein verbreitet. Solche Charakteristiken – etwa der Deutschen, der Russen, der Engländer – treffen nie Gattungsbegriffe, unter denen die einzelnen Menschen subsumiert werden können, sondern Typenbegriffe, denen sie mehr oder weniger entsprechen. Die Verwechslung der gattungsmäßigen mit der typologischen Auffassung ist das Zeichen des Denkens in Kollektiven: *die* Deutschen, *die* Engländer, *die* Norweger, *die* Juden – und beliebig weiter: die Friesen, die Bayern – oder: die Männer, die Frauen, die Jugend, das Alter. Daß durch die typologische Auffassung etwas getroffen wird, darf nicht zu der Meinung verführen, jedes Individuum erfaßt zu haben, wenn man es als durch jene allgemeine Charakteristik getroffen betrachtet. Das ist eine Denkform, die sich durch die Jahrhunderte zieht als ein Mittel des Hasses der Völker und Menschengruppen untereinander. Diese den meisten leider natürliche und selbstverständliche Denkform haben die Nationalsozialisten in der bösesten Weise angewendet und durch ihre Propaganda den Köpfen eingehämmert. Es war, als gäbe es keine Menschen mehr, sondern nur noch jene Kollektive. *(S 38 f.)*

Metaphysische Schuld

Wir selbst sind andere geworden seit 1933. Es war möglich, in der Würdelosigkeit den Tod zu suchen – 1933, als nach dem Verfassungsbruch durch eine Scheinlegalität die Diktatur errichtet und, was sich widersetzte, im Rausche eines großen Teiles unserer Bevölkerung hinweggeschwemmt wurde. Wir konnten den Tod suchen, als die Verbrechen des Regimes öffentlich in Erscheinung traten: am 30. Juni 1934 oder mit den Plünderungen, Deportationen und Ermordungen unserer jüdischen Freunde und Mitbürger, als zu unserer untilgbaren Schmach und Schande 1938 in ganz Deutschland die Synagogen – Gotteshäuser – brannten. Wir konnten den Tod suchen, als im Kriege das Regime von Anfang an gegen den Satz unseres größten Philosophen, Kant, handelte, der als Bedingung des Völkerrechts forderte: Es dürfen im Kriege keine Handlungen geschehen, die eine spätere Versöhnung der Kriegführenden schlechthin unmöglich machen. Tausende haben in Deutschland im Widerstand gegen das Regime den Tod gesucht oder doch gefunden, die meisten anonym. Wir Überlebenden haben nicht den Tod gesucht. Wir sind nicht, als unsere jüdischen Freunde abgeführt wurden, auf die Straße gegangen, haben nicht geschrien, bis man auch uns vernichtete. Wir haben es vorgezogen, am Leben zu bleiben mit dem schwachen, wenn auch richtigen Grund, unser Tod hätte doch nichts helfen können. Daß wir leben, ist unsere Schuld. Wir wissen vor Gott, was uns tief demütigt.

(RA 162 f.)

Apolitie befreit nicht von politischer Haftung

Man könnte denken: Es dürfe doch Menschen geben, die völlig apolitisch seien, ein Dasein außerhalb führten, wie Mönche, Einsiedler, Gelehrte und Forscher, Künstler. Wenn sie wirklich apolitisch seien, so trügen sie auch nicht mit an der Schuld.

Aber die politische Haftung trifft sie mit, weil sie auch ihr Leben durch die Ordnung des Staates haben. Es gibt kein außerhalb in modernen Staaten. *(S 57)*

Führer

Niemand von uns ist Führer, keiner ist Prophet, der gültig sagte, was ist und was zu tun sei. Alle »Führer« sind unheilvolle Phantome gewesen. Sie haben die Freiheit geraubt, erst innerlich, dann äußerlich. Aber sie waren möglich, weil so viele Menschen nicht mehr frei, nicht mehr selbstverantwortlich sein wollten. *(HS 28)*

Hitler

Hitler erniedrigte uns, unser Volk und jeden Einzelnen, am meisten die, die ihm folgten, und niemand vermochte aus dem reinen Willen zur politischen Freiheit ihn zu vernichten. *(KS 75 f.)*

Nicht Hitler ist schuld, sondern die Deutschen, die ihm folgten. *(BRD 204)*

Auschwitz

Gott und Auschwitz lassen sich nicht vereinigen. *(KS 134)*

Bundesrepublik

Das Netz der Lügen

Es geht nicht weiter mit dem Netz von Lügen im Grunde der staatlichen Existenz, das ich in den Verzweigungen zu zeigen versucht habe. Wir berufen uns auf unbegründete Rechtsansprüche, wir verleugnen die Haftung für den Hitlerkrieg; wir verkennen den Sinn der bedingungslosen Kapitulation; wir meinen, daß wir andere Menschen geworden seien, denen man vertrauen müsse, daß wir eigentlich gar nicht Nationalsozialisten waren. Wir verlangen, was unmöglich zu erreichen ist: die Grenzen von 1937; wir verschleiern die Gefahren, die in der Tatsache der Wehrmacht, in den Plänen der Notstandsgesetze liegen: Wir lassen geschehen sowohl das Hintreiben durch Entschlußlosigkeit wie die Manipulationen der rücksichtslos zur Macht Drängenden; wir reagieren allzu selten auf die Verletzung oder Einschränkung oder Mißachtung der Grundrechte. *(BRD 280)*

Bewältigung der Vergangenheit

Die Würde des vernünftigen Menschen liegt darin, daß er sich eingesteht, was geschehen und was getan ist. Die Würdelosigkeit bloßen Lebens liegt darin, einen Strich unter das Vergangene zu machen, zu vergessen und weiterzuleben aus dem bloßen Anspruch gegenwärtigen Daseins. Die Würdelosigkeit steigert sich, wenn die sogenannte Bewältigung der Vergangenheit in Forderungen an andere endet. *(FW 20)*

Wiedervereinigung ist ein feindlicher Akt

»Wiedervereinigung in Frieden und Freiheit« ist eine Redensart. Die Friedensfeindlichkeit liegt in der Natur der Sache. Wir dürfen uns nicht täuschen: Der Anspruch auf Wiedervereinigung ist für den Osten ein feindlicher Akt. Kann man vom Osten erwarten oder verlangen, nach dem Vergangenen (und nach gegenwärtigen Stimmen in Deutschland) die Furcht vor Deutschland aufzugeben, wenn nicht in Deutschland ein radikaler Wandel der Politik gegenüber den Oststaaten stattfindet? . . .

Eine Politik, die Frieden verlangt und zugleich Wiedervereinigung, verhält sich wie das Kind, das im Laden die Semmel bekommt, den Groschen aber behalten will.

(BRD 244 f.)

17. Juni

Wir haben einen nationalen Feiertag, den 17. Juni, den »Tag der Einheit«, die Erinnerung an den Ostberliner Aufstand von 1953. Er wird gefeiert durch Reden, die kaum jemand mit Interesse anhört, und durch einen arbeitsfreien Tag, den jeder gern genießt.

Der Tag ist von vornherein fragwürdig. Auf die Erinnerung an ein Scheitern soll sich ein Staat gründen? Das wird nie gelingen. Dann ist jener Aufstand in seiner Verwirklichung nicht ein vom Volk in seiner Gesamtheit geführter Kampfakt gewesen. Die Ostberliner Arbeiter standen geschlossen da, die Intellektuellen waren mit ihnen. In den großen Städten der Ostzone fanden ähnliche Vorgänge statt. Aber in kürzester Frist wurde der ganze Aufstand durch russische Panzer ohne eigentlichen Kampf niedergeschlagen. Ein Volksaufstand aller Schichten wie in Ungarn, der Bauern und Arbeiter, der Beamten und Militärs, schlechthin aller Bürger, im Wagnis des über das ganze Land sich erstreckenden Kampfes und in der Solidarität des Opfers hat in Ostdeutschland nicht stattgefunden. Daher begann auch nicht die Gründung eines neuen Staates. *(A 71)*

Nationalhymne

»Deutsche Frauen, deutsche Treue, deutscher Wein und deutscher Sang.« Welche Gemütlichkeit! Kann heute noch ein Deutscher in solcher Ausdrucksweise sprechen, ohne zu lachen? Ist das heute nicht für jeden unverdorbenen Geschmack einfach Kitsch? Und dieser ist Nationalhymne der Bundesrepublik?

Doch diese verlogene biedermeierliche Gemütlichkeit hat in sich eine böse Aggressivität im Namen der Macht des Reiches. Zunächst klingt es als stolze Großartigkeit. »Einigkeit und Recht und Freiheit sind des Deutschen Unterpfand.« Analysieren wir, was darin liegt:

Erstens: Die Reihenfolge, zugleich die Rangordnung des Wesentlichen, ist entscheidend: Einigkeit und Recht und Freiheit. Einigkeit als Einheit Deutschlands an die Spitze gestellt, bedeutet: Zuerst Einheit, das Recht kommt hinterher, und nach dem Recht kommt noch die Freiheit. Während für ein politisches, das heißt republikanisches und demokratisches Denken die Sache umgekehrt liegt: Erst die Freiheit, aus ihr das Recht und dann schließlich die Einheit. Die falsche Reihenfolge in der Hymne hat die Grundgesinnung ausgesprochen.

Zweitens: Wenn die Einheit, statt unter Bedingungen gestellt zu sein, zum Absoluten wird, so ist die Folge: Die Einheit der Macht als Macht hat unter allen Umständen den Vorrang. Auf Freiheit muß im Konfliktsfall verzichtet werden. Das heißt praktisch: Der Freiheit des Bürgers wird die Kontrolle der Staatsführung entzogen. Es ist nicht mehr sein Staat. Das muß er in Kauf nehmen. Die republikanische Staatsgesinnung dagegen fordert die Freiheit als das Erste in der politischen Welt. Die Einheit der Macht ist als solche noch keineswegs legitimiert. Sie hat ihre Legitimität erst durch die Freiheit, die sie zu verwirklichen vermag. Die Freiheit aber ist legitim durch den Gehalt, von dem sie ihre Macht zu Lehen trägt. *(A 80f.)*

Treueid

Es gibt die Notwendigkeit und Ehre in Befehl und Gehorsam, aber der Gehorsam darf nicht geleistet werden, wenn der Gehorchende weiß, daß er ein Verbrechen ausführt. Der Eid in staatlichen Zusammenhängen hat einen unbedingten Charakter nur, wenn er auf die Verfassung oder auf die Solidarität einer ihre Ziele und Gesinnung offen aussprechenden und begründenden Gemeinschaft geleistet wird, nicht als Treueid gegenüber Personen politischen oder militärischen Amtes. *(HS 146)*

Bundeswehr nach innen

Die Bundeswehr darf nie beteiligt werden, um die »Ordnung« wiederherzustellen. Wird die Bundeswehr gegen das deutsche Volk eingesetzt oder gegen Bewegungen in ihm, derer die Polizei, wenn es zur Gewalt kommt, nicht Herr wird oder nicht Herr werden will, dann ist die Freiheit verloren. Wo liegt die Garantie, daß das nicht geschieht? Nur die Soldaten, die im Geiste der Freiheit und Demokratie leben, und ein Geist der Bundeswehr, der diesen vertritt, würden den Gehorsam verweigern, wenn sie nach innen gegen Deutsche eingesetzt werden sollten. *(BRD 218)*

Der Weg zur Diktatur

Die Demokratie der Bundesrepublik wandelt sich vor unseren Augen. Es werden Wege beschritten, an deren Ende es weder eine Demokratie noch einen freien Bürger geben würde, vielleicht ohne daß die, die sie gehen, dieses Ende wollen. Diese Wege sind nicht unausweichlich. Aber nur ein zur Freiheit drängendes, seiner selbst darin bewußtes Volk kann die Demokratie in freier republikanischer Verfassung, die bisher nur eine Chance ist, verwirklichen.

Wie werden wir regiert? Wer regiert uns? Woher kommen die Politiker? – Wie ist die Struktur der Bundesrepublik, nicht nur juristisch und in der Theorie, sondern im faktischen Geschehen? – Welcher Wandel vollzieht sich in der Struktur der Bundesrepublik? Es scheint: von der Demokratie zur Parteienoligarchie, von der Parteienoligarchie zur Diktatur. *(BRD 127)*

Parteienoligarchie

Demokratie heißt Selbsterziehung und Information des Volkes. Es lernt nachdenken. Es weiß, was geschieht. Es urteilt. Die Demokratie befördert ständig den Prozeß der Aufklärung.

Parteienoligarchie dagegen heißt: Verachtung des Volkes. Sie neigt dazu, dem Volke Informationen vorzuenthalten. Man will es lieber dumm sein lassen. Das Volk braucht auch die Ziele, die die Oligarchie jeweils sich setzt, wenn sie überhaupt welche hat, nicht zu kennen. Man kann ihm statt dessen erregende Phrasen, allgemeine Redensarten, pompöse Moralforderungen und dergleichen vorsetzen. Es befindet sich ständig in der Passivität seiner Gewohnheiten, seiner Emotionen, seiner ungeprüften Zufallsmeinungen.

Die gemeinsame Schamlosigkeit der Parteienoligarchie spürt sich selber nicht. Die Parteienoligarchie fordert vielmehr Respekt, zumal die jeweils führenden Amtspersonen, die Kanzler, Minister, Präsidenten. Wir alle, denken sie, sind doch Vertreter des Volkes, wir können doch nicht schamlos sein. Wir sind durch die Wahl des Volks geheiligt. Wer uns beleidigt, beleidigt das Volk. Kraft unserer Ämter haben wir die Macht und den Glanz, der uns zukommt.

(BRD 140)

Parteienverbot als Symptom

Ein Symptom für den Gang auf dem Weg zum autoritären Staat ist die ängstliche Sicherung durch Verbot staatsfeindlicher Parteien: In der Bundesrepublik wurde durch das Bundesgericht, also mit verfassungsrechtlich sogar richtiger Begründung, die Kommunistische Partei verboten. Das ist, politisch gesehen, nicht demokratisch. Politisch will ein freies Volk, daß alle Kräfte offen zur Geltung kommen, zwar nur geistig, nicht aber gewaltsam. Was nicht offen zu

Tage tritt, wühlt untergründig und ist dann Gift im Staatskörper. Geistig können sie bekämpft und vielleicht überwunden werden. Wo sie gewaltsam werden und Gewaltsamkeit organisatorisch vorbereiten, da erst greift die Staatsmacht ein. *(BRD 151)*

Notstandsgesetze

Die Notstandsgesetze (mit Ausnahme derer, die nur den gleichen Namen tragen, wie die Gesetze für den Fall lokaler Naturkatastrophen) kann man nur völlig ablehnen. Es gibt Dinge, über die man nicht verhandeln kann. Geht man auf den Weg der Verhandlung, hat man irgendwo schon zugestimmt. Man ist verloren. Denn hier gibt es keine Kompromisse. *(A 110f.)*

Das Volk muß die Freiheit behalten, in direkter Aktion seinen Willen und seinen Widerstand kund zu tun. Das Notstandsgesetz raubt dem Volke die ihm verbliebenen legitimen, dann aber nicht mehr legalen Mittel des Widerstandes. Es ist ein Instrument der Versklavung. Statt eines Notstandsgesetzes brauchten wir die Entwicklung von gesetzlichen Mitteln, durch die das Volk innerhalb der vier Jahre, für die es nach den Wahlen jeweils abgedankt hat, zu aktiver Mitwirkung gebracht werden kann, um den gegenwärtigen Notstand, der faktisch an Regierungslosigkeit grenzt, zu mindern. *(BRD 165)*

Deutschland 1965

Eben lese ich in der Zeitung, daß der Staatsanwalt im Prozeß gegen die Geschwister Scholl heute als Richter im Amt sei. Ist das möglich? *(A 84)*

»Wäre ich Politiker, würde ich auf drei Entscheidungen drängen:

1. Sofortige Aufhebung der Verjährung für Verbrechen gegen die Menschheit, damit das Gewissen der Abendländer nicht verletzt wird;
2. Beauftragung der Regierung zur beschleunigten Ausarbeitung eines Gesetzes über die Verfolgung der Verbrechen gegen die Menschheit, damit die Richter aus dem gegenwärtigen Zustand der Widersprüchlichkeit und Ratlosigkeit befreit werden;
3. Erinnerung an die Tatsache, daß nach dem Grundgesetz für die Bundesrepublik Völkerrecht vor Landesrecht geht, und Appell an die rechtsschöpferische Kraft, die dieser Grundlage erwächst.« *(BRD 121)*

Gewalt im technischen Zeitalter

Eine Welt aus Eisen und Beton

Wollte man sich unsere Welt verschüttet denken, so würden spätere Grabungen zwar keine Schönheiten zutage fördern wie die der Antike, deren Straßenpflaster noch uns entzückt. Aber es würde gegenüber allen früheren Zeiten schon aus den letzten Jahrzehnten so viel Eisen und Beton zu finden sein, daß man noch spät es sehen könnte: der Mensch hatte jetzt den Planeten in ein Netz seiner Apparatur eingesponnen. Dieser Schritt ist gegenüber allen früheren Zeiten so groß wie der erste Schritt zur Werkzeugbildung überhaupt: die Perspektive einer Verwandlung des Planeten in eine einzige Fabrik zur Ausnutzung seiner Stoffe und Energien wird sichtbar. Der Mensch hat das zweitemal die Natur durchbrochen und sie verlassen, um in ihr ein Werk hinzustellen, das sie als Natur nicht nur niemals geschaffen hätte, sondern das nun mit ihr wetteifert an Wirkungsmacht. Nicht schon in der Sichtbarkeit seiner Stoffe und Apparate ist dies Werk vor Augen, sondern erst in der Wirklichkeit ihrer Funktion; der Ausgräber könnte an den Resten von Funktürmen nicht mehr die durch sie hergestellte Allgegenwart der Ereignisse und Nachrichten auf der Erdoberfläche ermitteln. *(GSZ 20 f.)*

Keiner entrinnt der Masse

Die Herrschaft der Masse dringt in die besonderen Tätigkeiten und Lebensweisen des Einzelnen. Es ist Lebensbedingung geworden, eine Funktion zu erfüllen, welche irgendwie Massen dient. Die Masse und ihr Apparat sind Gegenstand unseres vitalsten Interesses. Sie ist unser Herr, ist für jeden, der sich nicht selbst täuscht, das Feld seiner vollkommenen Daseinsabhängigkeit, seiner Betätigung, Sorge und Verpflichtung. Er mag sie verachten, wenn sie in ihrer Durchschnittlichkeit erscheint, er mag die Solidarität fühlen zu allen Menschen als möglichen Vernunftwesen, er mag, die Verantwortung, die jeder für alle hat, nicht verleugnend, sich doch distanzieren: niemals entrinnt er ihr. Er gehört zu ihr, aber sie droht ihn versinken zu lassen in der Rhetorik und dem Trubel des »wir alle«. *(GSZ 36)*

Im nationalen Wahn

Die Massen haben sich ... zu nationalem Wahn mit beträchtlicher Opferbereitschaft in einen Taumel hineinreissen lassen. Wir haben noch nicht gesehen, daß sie in hohem

Enthusiasmus heller Vernunft zum Opfer für die Freiheit bereit wurden. *(FW 37)*

Der Nationalismus gilt uns als die gewaltige feindselige Macht, wo immer er auftritt. Er macht den Frieden und die innere Freiheit unmöglich. *(A 217)*

Keine Gemeinsamkeit des Abendlandes

Technik und Politik haben den bisher durch Jahrtausende bestehenden geistigen Zustand fast ausgelöscht. *Es gibt nicht mehr die gemeinsame abendländische Welt,* keinen gemeinsam geglaubten Gott, kein gültiges Menschenbild, nicht mehr das in allen Gegnerschaften, noch im Kampf auf Leben und Tod eine Solidarität Stiftende. Das heute gemeinsame Bewußtsein läßt sich nur durch Negationen charakterisieren: den *Zerfall der geschichtlichen Erinnerung*, den *Mangel eines herrschenden Grundwissens,* die *Ratlosigkeit in bezug auf die ungewisse Zukunft.* *(RA 326)*

Die Prozesse des Verderbens

Alle Prozesse des Verderbens sind losgelassen. Setzen wir gegen sie, was heute an reichem geistigem Leben unzweifelhaft da ist, so ist auch dieses zweideutig: Die Wissenschaften machen ihre großartigen Entdeckungen; jedoch: sie werden in der Masse des Gefundenen nicht nur spezialisiert, sondern in der Spezialisierung selber den Endlosigkeiten preisgegeben, die sie nicht mehr meistern. – Die Technik übertrumpft noch immer die Erwartungen; jedoch: sie liefert gerade dadurch den Menschen der Zerstörung aus. – Die Dichtung spricht in wirksamen Gestalten; jedoch: das Eindrücklichste bringt sie im Verzweifelten, Empörten, Nihilistischen. – Die Kunst wird raffiniert in der Vielfachheit ihres Könnens, in der Vollendung ihrer Artistik; jedoch: sie ist am mächtigsten, wo sie das Antlitz des Menschen zum Erlöschen bringt.

Ist das nicht das Leben vor dem Ende? Ist die Produktivität unserer Zeit nicht die Flamme, in der dies im Kosmos Unvergleichliche, das Menschsein, glühend zugrunde geht? Soll das unerhörte Können heute ein zukunftsloses Leben sein, das sich, wo es sich dessen bewußt wird, vor der verschlossenen Pforte sieht? *(KS 30f.)*

Die Menschheit kann vernichtet werden

Bisher konnte der Mensch als einzelner sich selbst das Leben nehmen. Er konnte in Kämpfen töten und getötet werden. Völker konnte man ausrotten. Jetzt aber kann die Menschheit im ganzen durch Menschen vernichtet werden. Daß dies geschieht, ist nicht nur in den Bereich der Möglichkeiten getreten. Es ist für die rein rationale Erwägung wahrscheinlich, daß es geschehen wird. *(AZM 21)*

Soll der Mensch alles wagen?

Man kann fragen: Muß es dem Menschen möglich sein, alles zu wagen, auch das Dasein der Menschheit, damit angesichts dieser Möglichkeit der Ernst entsteht, ohne den die von jeher geforderte Verwandlung des Menschen nicht vollzogen wird? Soll der Blick auf die Möglichkeit dieses totalen Wagnisses und die Bereitschaft zu ihm der Ursprung eines neuen Menschen werden?

Oder soll, wenn diese Umkehr nicht stattfindet, der Untergang aller sein? Soll die Menschheit, wenn sie nicht den Weg findet, auf dem die sittlich-politische Gemeinschaft die Wirklichkeit wachsender Gerechtigkeit ist, zugrunde gehen? Wenn aber dieser Weg nicht gefunden wird, liegt dann die Substanz des Menschseins dort, wo das Scheitern kein Einwand mehr ist, wo vielmehr die letzte Wirklichkeit und Wahrheit des dem Menschen aufgegebenen Ernstes sein Untergang ist? *(AZM 234)*

Das Opfer für die Bombe

Wenn alles zu tun ist, um die *Atombombe* auszuschalten, so unter der Bedingung, daß es nicht um den Preis der Möglichkeit eines eigentlich menschlichen Lebens geschehe. Wenn das Opfer des Daseins der Menschheit ausbleiben soll, so kann das nur geschehen durch ein Opfer, das an Größe diesem entspricht: das zur Umkehr des Menschen selber notwendige Opfer von Daseinsbefangenheiten. Dieses Opfer würde erst ein Leben begründen, das des Lebens würdig ist. (AZM 235)

Der Krieg als Todfeind der Kommunikation

Wenn Freiheit das Werden des eigentlichen Menschseins bedeutet durch die Kommunikation im Wahren, so ist der Todfeind der Freiheit der Krieg. Denn der Krieg ist die Gewalt, mit der das Miteinanderreden aufhört und die Wahrheit als verbindendes Element endgültig verschwindet. In der Situation, töten zu müssen oder getötet zu werden, wird dann allen einzelnen Kämpfenden durch das ihre Gewaltsteigerung erzwingende Ziel, den Krieg zu gewinnen, immer mehr von ihrer persönlichen Freiheit genommen, bis alle Freiheit zugunsten wirksamster totaler Gewaltanwendung vernichtet ist. Was im Krieg als vorübergehend gilt, das wird unter Kriegsdrohung zum Dauerzustand. *(RA 350)*

Die unbeherrschte Totalität des Krieges

Heute scheint der Krieg verwandelt durch das Ausmaß seiner Mittel, die Größe seiner Folgen. Sein Sinn ist ein anderer geworden:

Was an Äußerstem schon in historischen Zeitaltern vorgebildet war, scheint sich zusammenfassen zu können in dem Grade, daß überhaupt keine mäßigenden Tendenzen im Kriege mehr übrigbleiben. Hitlerdeutschland hat zum erstenmal im technischen Zeitalter grundsätzlich den Weg betreten, auf dem dann notwendig die Anderen folgten. Es droht nun ein Krieg, der mit dem technischen Zeitalter unter Aufhebung aller Bindungen in der Tat so andersartig wird, daß Ausrottung und Deportationen, die es in gewissem Umfang auch schon früher bei Assyrern und bei den Mongolen gegeben hat, noch nicht ausreichen, das Unheil ganz zu charakterisieren.

Auf diese unbeherrschte Totalität eines Krieges hin, ohne Maßsetzung in den Mitteln, wirkt der Zusammenhang von Totalplanung und Krieg. Eins treibt das andere hervor. Macht, die sich zur absoluten Überlegenheit steigern will, muß zur Totalplanung tendieren. Da diese aber die wirtschaftliche Blüte herabsetzt, wird der Zeitpunkt erreicht eines Optimums der Rüstung. Der Krieg wird erzwungen durch die innere Entwicklung, die bei fortdauerndem Frieden zur Schwächung führen würde. *(UZG 259)*

Atomkrieg und Notstand

Krieg ist im Atomzeitalter gegenseitige totale Vernichtung. Der Notstand dieses Kriegs ist in der Tat gar nicht zu bekämpfen. Dieser Notstand darf nicht eintreten. Daher muß man bedingungslos alles tun, um den Frieden zu retten, darf man nichts tun, was zum Krieg treiben könnte. Der äußere Notstand ist allein durch ehrliche, bedingungslose Friedenspolitik zu bekämpfen. Was es heißt und welche Folgen es hat, daß der Krieg nicht mehr die ultima ratio, nicht »Fortsetzung der Politik mit anderen Mitteln« sein kann und nicht sein soll, das ist trotz der Protestmärsche noch nicht genügend in das Bewußtsein der Bevölkerung, der Politiker, der Militärs der Bundesrepublik getreten, jedenfalls nicht wirksam geworden.

Die Notstandsgesetzgebung für solchen Krieg erzeugt die falsche Stimmung, als ob in diesem Fall überhaupt Hilfe noch möglich sei. Diese Beruhigung schwächt die Antriebe, alles zu tun, damit diese Situation nicht eintritt. In einem anderen Sinn als je vorher gilt der Satz: Nie wieder Krieg.

(BRD 159)

Die Bevölkerung wird preisgegeben

An die Stelle der spezifischen Gefahr des kämpfenden Soldaten ist die Gefahr der gesamten Bevölkerung getreten. Diese, nicht der Soldat, ist Träger der Gefahr. Für den Soldaten wird vielmehr die größere Sicherheit durch bestmöglichen Schutz der militärisch Agierenden erreicht. Die Kampfsituation im alten Sinne ist auf die gesamte Bevölkerung ausgebreitet, die dabei vor allem der leidende, der Ausrottung am meisten ausgesetzte Teil ist. *(AZM 84)*

Ein Schutz der Bevölkerung gegen den Atomkrieg ist nicht möglich. Ihn zu behaupten, erzeugt eine falsche Beruhigung, die gefährlich ist, weil sie die mögliche Abwehr des Krieges überhaupt schwächt. *(BRD 172)*

Eskalation

Die Waffen der europäischen Technik zeigen von Anbeginn diese Zweideutigkeit: Sie verwirklichen das neue Schreckliche, um dadurch das alte Schreckliche in den fremden Händen, die es gleich bedenkenlos angewendet haben, für den Augenblick zu lähmen, um Frieden durch eigene Übermacht zu haben. Dieser Vorgang aber ist nur durch ständige Steigerung der Zerstörungswaffen zu erhalten. Denn jede Erfindung wird trotz Geheimhaltung nach einiger Zeit Allgemeinbesitz. Hier ist kein Weg außer der Steigerung bis zur Zerpulverung des Erdballs in Weltstaub.

(RA 371)

Gewalt im technischen Zeitalter

Terror, Foltern, Deportationen, Ausrottungen, das gab es zwar seit Assyrern und Mongolen, aber ohne das Ausmaß der heutigen technischen Möglichkeiten. Die Staatenlosen, die Internierten, die Herumgewirbelten, die von heute auf morgen leben müssen, ohne Horizont eines Lebensplans und ohne Kontinuität eines Lebensgehalts, die sich einen Augenblick anschließen und dann wieder losgerissen werden, die auf der ganzen Welt und nirgends zu Hause sind, sie alle scheinen ein Symbol für den Weg der Menschenwelt in die Bodenlosigkeit. Sie sind preisgegeben an die politischen Apparate, die etwa so aussehen: Es operieren Funktionäre einer erbarmungslosen Bürokratie; der Mensch ist das Papier, das als Ausweis, Legitimierung, Verurteilung, Klassifikation ihm seine Chancen gibt, ihn beschränkt, ihn auslöscht; Widerstände häufen sich bis zur Sinnlosigkeit und lösen sich einmal plötzlich; unberechenbare Eingriffe verfügen über Dasein, Arbeit und Lebensweise der Menschen. Will man wissen, wer es befiehlt, so ist keine Stelle zu erreichen. Es scheint niemand da zu sein, der die Verantwortung trägt. *(RA 323)*

Der Machtwille verdirbt

Vergleichen wir etwa den Vorgang der Erfindung der Atombombe, ihrer Bemächtigung durch das Militär, ihre Einstellung in politische Erwägungen mit dem Symptom einer Krankheit, so wäre die Krankheit die Verwahrlosung des menschlichen Ethos durch den Machtwillen, der uneingeschränkte Gewalt zuläßt und begehrt ...

Man kann aber nicht ein Symptom heilen, ohne die Krankheit selbst zu heilen. Diese Heilung aber ist der sittliche Prozeß durch die Freiheit des Menschen selbst. *(RA 375)*

Furchtbare Despoten

Es graut uns vor der Möglichkeit, daß furchtbare Despoten die Geschichte auslöschen wollen als unerwünschte Quelle menschlicher Selbständigkeit, daß sie sie ersetzen werden durch ein dogmatisches Schema, das, unwahr und sakrosankt zugleich, allen eingeprägt wird, und daß ihnen dabei eine Neigung der Massen zur Legende zu Hilfe kommt. *(RA 327)*

Autorität der totalen Macht

Wir können durch die Autorität der Macht dazu gebracht werden, das Unsinnige für wahr, das offenbar Irreale für Tatsachen zu halten. Der Unterwerfungswille, im trügenden Bewußtsein, einer dämonischen oder göttlichen Macht ausgeliefert zu sein, verwandelt den Menschen. »Ich glaube es nicht, aber man muß es glauben«, das Wort haben wir gehört von Menschen, in denen diese Verwandlung begann. Die Bußfertigkeit in den Schauprozessen, die Bekenntnisse zu Handlungen, die man gar nicht begangen hat, aber vielleicht einmal versuchsweise spielend im Innern erwogen hatte, sind das Zeichen des schließlich völligen Verlustes der Unabhängigkeit. *(RA 325)*

Totalitarismus

Der Totalitarismus ist nicht Kommunismus, nicht Faschismus, nicht Nationalsozialismus, sondern ist in allen diesen Gestalten aufgetreten. Er ist universal die furchtbare Drohung der Zukunft der Menschheit in der Massenordnung. ... Ihn zu durchschauen, ist nicht leicht. Er ist wie eine Apparatur, die sich in Gang setzt, indem sogar die Akteure sie oft nicht begreifen, während sie sie schon verwirklichen. Sie scheint wie ein selbständiges Wesen, wie ein seelenloses, dämonisches Etwas (mythisch gesprochen), das sich aller bemächtigt, sowohl derer, die ahnungslos hineingeraten, als auch derer, die halb wissend, halb nichtwissend es selber herbeiführen. Der Totalitarismus ist wie ein Gespenst, das das Blut der Lebenden trinkt und dadurch wirklich wird, während die Opfer als eine Masse lebender Leichname ihr Dasein fortsetzen. *(PuW 77)*

Wie totale Herrschaft kommt

Die Herrschaft des Totalitarismus kommt, wenn der Boden bereitet ist, jedesmal auf andere Weise, manchmal über Nacht, manchmal in einer Reihe von Schritten, durch eine Überspielung aller Abwehrmächte, hinten herum. Die totale Befehlsgewalt kann plötzlich da sein, wenn ein von den Massen in Jubel und Angst getragener Mann auf formell legalem Weg Beschlüsse bewirkt, deren Folgen die Gesetze aufheben, und dadurch, daß er die Polizei eines Staatswesens in seine Hand bekommt und mit rasender Geschwindigkeit zu einer alles beherrschenden Macht ausbaut (daher die Gefahr aller zentralisierten Polizei im Unterschied von lokal beschränkter Polizeigewalt). Solche Beschlüsse und Machtübertragungen sind in Augenblicken möglich, die, als größte Not erfahren, zum plötzlichen Verzicht auf Rechte veranlassen aus Angst um die Sicherheit, unter gegenseitiger Suggestion aller Beteiligten, es sei unumgänglich für das Wohl des Landes, der Nation, der Welt. Ist es geschehen, so ist es unwiderrufbar. Vergeblich tröstet man sich dann angesichts der Schrecken damit, es sei ein Übergang zur Ruhe und Sicherheit einer blühenden Zukunft. Um sie zu schaffen, müsse man das Beiläufige in Kauf nehmen. »Wo gehobelt wird, da fliegen Späne.«

Nun hilft nichts mehr. Das Leben unter diesen totalitären Diktaturen ist durch einen Bruch, durch eine das gesamte Dasein verwandelnde, in jedes Haus dringende, nichts unberührt lassende Macht getrennt von dem Leben in der politischen Freiheit. *(PuW 89f.)*

Versinken in das Wirtschaftliche

Die Bedingungen des Lebens sind nicht das Leben selber. Das Leben kann versinken in das Wirtschaftliche, wenn dieses als das Absolute gilt. Dann wird die Freiheit des Menschseins verloren, sowohl unter der totalen Herrschaft in der zentralen Planung wie unter der politischen Freiheit in dem Betrieb, der sich faktisch dem totalitären nähert.

(AZM 239)

Quantität und Qualität der Niedertracht

Eine Welt, in der es Zwangsarbeit in Konzentrationslagern, Deportationen ganzer Bevölkerungen, Lüge in jeder Gestalt, planmäßiges Ausrotten ganzer Menschengruppen gibt, kann nicht dies alles dulden und zugleich die Atombombe ausschließen. Wir lassen uns allzu leicht verführen durch das Quantitative. Eine Niedertracht, durch die ein einzelner zu Tode gequält wird, ist qualitativ das gleiche, als wenn es Millionen geschieht. Solange wir die quantitativ scheinbar geringere Niedertracht vergessen oder als geringfügig behandeln, werden wir dem quantitativ Ungeheuren im Grunde widerstandslos verfallen. *(RA 373)*

Vielleicht scheitert alles

Vielleicht scheitert alles. Nachdem so viel, ja alles Bisherige, auch wenn es groß war, zugrunde gegangen ist, und zwar durch nachweisbare Fehler, sei es der großen Politik, sei es der Lebensführung, sei es der ökonomischen Praxis, sei es der sittlichen Verfassung, ist es möglich, daß die Menschheit im ganzen einen Weg geht, an dessen Ende sie sich selbst vernichtet. Mit dieser Möglichkeit muß der Denkende rechnen. Dann erfährt er, was der Mensch sei und sein könne. Die rechten Proportionen werden sichtbar; die kurzsichtigen, falschen Selbstverständlichkeiten hören auf. *(BRD 259)*

Warum soll die Menschheit nicht zugrunde gehen können, und zwar bald? Es ist doch schon ungeheuerlich, daß der Mensch die kosmischen Energien, die Kraft der Sonnensubstanz selber auf unsere Erde versetzt, indem er sie aus der bis heute ruhenden Erdmaterie frei macht. *(AZM 466)*

Jeder weiß als Einzelner, daß er sterben muß – und lebt vielleicht, als ob es nicht so sei. Obgleich er seinen Tod nicht eigentlich glauben kann, weiß er ihn doch gewiß. Daß die Menschheit untergeht, ist nicht gewiß, aber möglich, ja, wahrscheinlich. Aber dies ist kein unabänderlicher Naturvorgang. Es liegt am Menschen selbst, ob es dahin kommt oder nicht. In dieser Perspektive muß das Leben anders werden als unter der bisherigen Vorstellung eines unabsehbaren Weitergangs der Geschichte des Menschen.

(AZM 281 f.)

Besser noch wäre es, mit der Vernunft wissend unterzugehen, als blind seine Jahre dahinzuleben, ohne Vernunft in das Verhängnis zu stürzen, erst es selber fördernd, dann von Angst überwältigt. *(AZM 490)*

Auf des Messers Schneide

Der Augenblick heute steht auf des Messers Schneide. Wir haben zu wählen: entweder in den Abgrund zu stürzen der Verlorenheit des Menschen und seiner Welt und als Folge das Aufhören seines Daseins überhaupt – oder den Sprung zu tun durch Selbstverwandlung zum eigentlichen Menschen und seinen unabsehbaren Chancen. *(KS 174)*

Hoffnungslosigkeit

Das ist deine Entscheidung. Wenn du wirklich keine, gar keine Hoffnung hast – ich glaube es dir nicht –, so denke an die Folgen für dich und nimm sie an. Aber rede auf keinen Fall von Hoffnungslosigkeit. Denn das wäre für dich unernstes Geschwätz, gegen die anderen eine Bosheit. Dein Leben wird für dich vor der von dir gewußten gewissen

Katastrophe ein anderes. Es ist ein eschatologisches Leben. Aber du weißt nicht, wann und wie das Ende ist. Eschatologisches Leben ist kein hoffnungsloses Leben, so wenig als das Leben mit dem Tode ein hoffnungsloses Leben ist. Denn solange wir in der Welt sind, ist auch ein Spielraum der Hoffnung. Hoffnung ist an Zeit gebunden und auf Zukunft gerichtet. Sie bleibt in der Welt und geht nirgendwo hinaus über die Welt, nicht dorthin, wo weder Zeit noch Zukunft ist. Wahre Hoffnung geht auch nicht auf das Unmögliche, etwa, daß in der Zeit für irgend etwas kein Ende sei, daß es weder Scheitern noch Tod geben müsse. Sie bleibt im unbestimmt begrenzten Spielraum. Über die Welt hinaus geht etwas ganz anderes, Tieferes, Ergreifenderes, für das wir, weil es gar nicht selbstverständlich ist, auch kein geläufiges und kein angemessenes Wort haben (etwa Vertrauen, Ursprungsverbundenheit, Seinsgewißheit). Dorthin geht allein das Philosophieren. *(A 211 f.)*

Im Blick auf den Untergang

Vom totalen Untergang sprachen die alten Propheten. Der »Tag Jahves« wird kommen, an dem alles vernichtet wird. Von dem Weltende sprachen die ersten Christen als unmittelbar bevorstehend.

Jeremias antwortete seinem verzweifelten Jünger Baruch, als Staat und Volk und sogar der Gottesglaube der letzten Juden, die nun der Isis opferten, zugrunde gingen: »So spricht Jahve: Fürwahr, was ich aufgebaut habe, reiße ich nieder, und was ich eingepflanzt habe, reiße ich aus, und da verlangst du für dich Großes? Verlange nicht! Denn ich bringe nunmehr Unheil über alles Fleisch.« Jeremias will sagen: Daß Gott ist, ist genug.

Dies erst ist der letzte Horizont, von dem her alles in die rechten Verhältnisse gerückt wird. In diesem Horizont wächst der Mut durch das Vertrauen im Grunde, das durch kein Scheitern in der Welt, auch nicht durch das Scheitern der Vernunft getilgt werden kann. In ihm wird der Wille beschwingt, solange Menschendasein ist, Vernunft zu verwirklichen, zu wagen und den Sinn im Bauen zu sehen, auch wenn wir nicht wissen, wie lange stehen wird, was wir hervorbringen. *(AZM 492)*

4. Was an uns liegt

Die Idee der Achsenzeit

Eine Achse der Weltgeschichte, falls es sie gibt, wäre *empirisch* als ein Tatbestand zu finden, der als solcher für alle Menschen, auch die Christen, gültig sein kann. Diese Achse wäre dort, wo geboren wurde, was seitdem der Mensch sein kann, wo die überwältigendste Fruchtbarkeit in der Gestaltung des Menschseins geschehen ist in einer Weise, die für das Abendland und Asien und alle Menschen, ohne den Maßstab eines bestimmten Glaubensinhalts, wenn nicht empirisch zwingend und einsehbar, doch aber auf Grund empirischer Einsicht überzeugend sein könnte, derart, daß für alle Völker ein gemeinsamer Rahmen geschichtlichen Selbstverständnisses erwachsen würde. Diese Achse der Weltgeschichte scheint nun rund um 500 vor Christus zu liegen, in dem zwischen 800 und 200 stattfindenden geistigen Prozeß. Dort liegt der tiefste Einschnitt der Geschichte. Es entstand der Mensch, mit dem wir bis heute leben. Diese Zeit sei in Kürze die »Achsenzeit« genannt. *(UZG 19)*

Gestalt der Achsenzeit

In dieser Zeit drängt sich Außerordentliches zusammen. In China lebten Konfuzius und Laotse, entstanden alle Richtungen der chinesischen Philosophie, dachten Mo-Ti, Tschuang-Tse, Lie-Tse und ungezählte andere, – in Indien entstanden die Upanischaden, lebte Buddha, wurden alle philosophischen Möglichkeiten bis zur Skepsis und bis zum Materialismus, bis zur Sophistik und zum Nihilismus, wie in China, entwickelt, – in Iran lehrte Zarathustra das fordernde Weltbild des Kampfes zwischen Gut und Böse, – in Palästina traten die Propheten auf von Elias über Jesaias und Jeremias bis zu Deuterojesaias, – Griechenland sah Homer, die Philosophen – Parmenides, Heraklit, Plato – und die Tragiker, Thukydides und Archimedes. Alles, was durch solche Namen nur angedeutet ist, erwuchs in diesen wenigen Jahrhunderten annähernd gleichzeitig in China, Indien und dem Abendland, ohne daß sie gegenseitig voneinander wußten.

Das Neue dieses Zeitalters ist in allen drei Welten, daß der Mensch sich des Seins im Ganzen, seiner selbst und seiner Grenzen bewußt wird. Er erfährt die Furchtbarkeit der Welt und die eigene Ohnmacht. Er stellt radikale Fragen. Er drängt vor dem Abgrund auf Befreiung und Erlösung. Indem er mit Bewußtsein seine Grenzen erfaßt, steckt er sich die höchsten Ziele. Er erfährt die Unbedingtheit in der Tiefe des Selbstseins und in der Klarheit der Transzendenz. . . .

In diesem Zeitalter wurden die Grundkategorien hervorgebracht, in denen wir bis heute denken, und es wurden die Ansätze der Weltreligionen geschaffen, aus denen die Menschen bis heute leben. In jedem Sinne wurde der Schritt ins Universale getan.

Durch diesen Prozeß wurden die bis dahin unbewußt geltenden Anschauungen, Sitten und Zustände der Prüfung unterworfen, in Frage gestellt, aufgelöst. Alles geriet in einen Strudel. Soweit die überlieferte Substanz noch lebendig und wirklich war, wurde sie in ihren Erscheinungen erhellt und damit verwandelt. *(UZG 20 f.)*

Achsenzeit als Ferment

Die Achsenzeit wird zum Ferment, das die Menschheit in den einen Zusammenhang der Weltgeschichte bringt. Sie wird für uns zum Maßstab, an dem die geschichtliche Bedeutung der Völker für das Ganze klar wird. *(UZG 76)*

Achsenzeit als Aufforderung zur Kommunikation

Weil die dreifache geschichtliche Modifikation des Schrittes der Achsenzeit besteht, ist es wie eine *Aufforderung zur grenzenlosen Kommunikation.* Die anderen zu sehen und zu verstehen, hilft zur Klarheit über sich selbst, zur Überwindung der möglichen Enge jeder in sich abgeschlossenen Geschichtlichkeit, zum Absprung in die Weite. Dies Wagen grenzenloser Kommunikation ist noch einmal das Geheimnis der Menschwerdung, nicht in der uns unzugänglichen, vorgeschichtlichen Vergangenheit, sondern in uns selbst.

Der Anspruch dieser Kommunikation – durch die geschichtliche Tatsache der Dreifachheit des Ursprungs – ist das beste Mittel gegen die Irrung der Ausschließlichkeit einer Glaubenswahrheit. Denn Glauben kann immer nur unbedingt in geschichtlicher Existenz, nicht allgemeingiltig für alle in Aussagbarkeiten sein, wie wissenschaftliche Wahrheit. Der Ausschließlichkeitsanspruch, dieses Mittel des Fanatismus, des menschlichen Hochmuts, der Selbsttäuschung durch den Machtwillen, dieses Unheil des Abendlandes erst recht in allen Säkularisierungen wie den dogmatischen Philosophien und sogenannten wissenschaftlichen Weltanschauungen, wird gerade dadurch überwindbar, daß Gott sich geschichtlich auf mehrfache Weise gezeigt und viele Wege zu sich geöffnet hat. Es ist, als ob die Gottheit durch die Sprache der Universalgeschichte warne gegen den Anspruch der Ausschließlichkeit. *(UZG 41)*

Einheit der Menschheit als Ziel

Nicht das Endziel der Geschichte, aber ein Ziel, das selber die Bedingung für das Erreichen der höchsten Möglichkeiten des Menschseins wäre, ist formal zu bestimmen: die *Einheit der Menschheit.*

Die Einheit ist nicht schon durch ein rational Allgemeines der Wissenschaft zu erreichen. Denn diese bringt nur die Einheit des Verstandes, nicht des ganzen Menschen. Die Einheit ist auch nicht gelegen in einer allgemeinen Religion, die etwa auf Religionskongressen durch Beratschlagung einmütig festgestellt würde. Sie ist auch nicht wirklich durch die Konventionen einer aufgeklärten Sprache des gesunden Menschenverstandes. Einheit kann nur gewonnen werden aus der Tiefe der Geschichtlichkeit, nicht als wißbarer gemeinsamer Inhalt, sondern nur in der grenzenlosen Kommunikation des geschichtlich Verschiedenen im unabschließbaren, auf der Höhe zu reinem liebendem Kampf werdenden Miteinandersprechen. *(E 103 f.)*

Die Gegenwart ist keine zweite Achsenzeit

Der deutsche Idealismus Fichtes, Hegels und Schellings interpretierte die eigene Zeit als die tiefste Geschichtswende, und zwar durch Auffassung der christlichen Achsenzeit, die nun erst zur endgültigen Wende oder Vollendung führe. Es war der Übermut einer geistigen Selbsttäuschung. Jetzt dürfen wir vergleichend mit Bestimmtheit sagen: die Gegenwart ist keine zweite Achsenzeit. Vielmehr in schärfstem Kontrast zu dieser ist sie ein katastrophales Geschehen zur Armut hin an Geist, Menschlichkeit, Liebe und Schöpferkraft, wobei nur eines, die Produktion von Wissenschaft und Technik allerdings auch im Vergleich zu allem Früheren einzig groß ist. *(UZG 127)*

Die Weltgeschichte beginnt

Es gab bisher noch keine Weltgeschichte, sondern nur ein Aggregat von Lokalgeschichten.

Was wir Geschichte nennen, und was im bisherigen Sinne nun zu Ende ist, das war der Zwischenaugenblick von fünftausend Jahren zwischen der durch vorgeschichtliche Jahrhunderttausende sich erstreckenden Besiedlung des Erdballs und dem heutigen Beginn der eigentlichen Weltgeschichte. Vor der Geschichte fand in der Vereinzelung der menschlichen Gruppen ohne Bewußtsein ihres Zusammenhangs ein durchweg nur wiederholendes Weiterleben statt, noch nahe verwandt dem Naturgeschehen. Dann aber war unsere kurze bisherige Geschichte gleichsam das Sichtreffen, das Sichversammeln der Menschen zur Aktion der Weltgeschichte, war der geistige und technische Erwerb der Ausrüstung zum Bestehen der Reise. Wir fangen gerade an.

(UZG 45)

Die politische Einheit wird kommen

Da der Erdkreis im Ganzen verkehrstechnisch leichter zur Verfügung steht als früher Ostasien für das Reich der Mitte oder die Mittelmeerwelt für Rom, so kann die politische Einheit der Erde nur eine Frage der Zeit sein. Der Weg scheint von den Nationalstaaten über die großen kontinentalen Führungsräume zum Weltimperium oder zur Weltordnung zu gehen. Er wird erzwungen einmal von einem nach allen historischen Analogien stets vorhandenen Macht- und Herrschaftswillen, der das jeweils erreichbare größte Weltimperium zum mehr oder weniger bewußten Ziel hat, und dann von dem Friedenswillen, der ein Leben ohne Angst in einer Ordnung der Welt sucht. *(UZG 242)*

Der Glaube an eine Wurzel und ein Ziel

In allen Völkern liegt eine schwankende Bereitschaft zum Miteinander. Sie ist begründet, sie ist auch verneint worden. Daß die Menschheit *eine* Wurzel und *ein* Ziel habe, daß Menschen als Menschen zusammengehören durch etwas, das alle Kämpfe zwischen ihnen, auch die auf Tod und Leben, übergreift, ist ein Glaube, der zwar verschüttet werden kann, aber nur um den Preis des Verlustes des vernünftigen Menschseins selber. *(AZM 113)*

Das Bewußtsein der Einheit wird wach

Es erwächst die Möglichkeit der Kommunikation der Menschen über den Erdball, in dem Maße, daß überall im Menschen ein Bewußtsein der Einheit der Menschheit wach wird. Es ist, als ob alle geistige Bewegung ihr Gewicht dadurch hat, daß sie Menschheitsangelegenheit werden muß. *(WP 72)*

Es gibt kein Draußen mehr

Entscheidend ist: Es gibt kein Draußen mehr. Die Welt schließt sich. Die Erdeinheit ist da. Neue Gefahren und Chancen zeigen sich. Alle wesentlichen Probleme sind Weltprobleme geworden, die Situation eine Situation der Menschheit. *(UZG 163)*

Betrachtende und erweckende Prognose

Betrachtende Prognose möchte wissen, was wird, ohne Einsatz des Denkenden. Erweckende Prognose spricht aus, was möglich ist, weil der Wille durch diese Möglichkeit sich bestimmen läßt; sie dringt über Betrachtung zum Entschluß. *(GSZ 208)*

Keine Prognose ist harmlos. Ob wahr oder unwahr, sie wird aus betrachtender zu erweckender Prognose. Was der Mensch für möglich hält, bewegt seine innere Haltung und sein Handeln. Mit der rechten Sorge die Gefahren zu erblicken, ist Bedingung seiner Selbstbehauptung, während illusionäre Vorstellungen ebenso wie Verschleierungen ihn ins Verderben reißen. *(UZG 190)*

Voraussagen kann in der Philosophie nur heißen: es selber machen, d. h. es in Gegenwart verwandeln.

Daher muß die Haltung sein: weder dem Vergangenen anheimfallen noch dem Zukünftigen. Es kommt darauf an, ganz gegenwärtig zu sein. *(W 25)*

Wir wissen nicht von einem Plan und Ziel des Ganzen. Wir sprechen, als ob er bestehe: nämlich der Aufschwung des Menschen selber, aber so, daß er, wenn er ihn nicht nimmt, zum Tod verurteilt ist. *(AZM 263)*

Ist eine Weltordnung möglich?

Ist eine rechtliche Weltordnung durch eine politische Form und ein verbindendes Ethos für die Menschheit überhaupt möglich? Nur erfüllte Zeiten, die in großen Ordnungen eine Weile ihren Frieden und ihr Schöpfertum haben, würden in der Zukunft darauf antworten können. Es vorwegnehmen zu wollen, würde bedeuten, es aus dem Gedanken zu schaffen. Das ist unmöglich. Die Erwartung, daß uralte Wahrheit in der Wirklichkeit der neuen Weltordnung eine Rolle spielen werde, sagt nichts vom Inhalt dieses

Neuen. Denn nicht in der Wiederherstellung verschwundener Wirklichkeiten, sondern in der Neuzündung durch deren Gehalte zu unvoraussehbaren Gestalten kann entstehen, was in Zukunft das Menschsein als gemeinsames Ethos in der Öffentlichkeit trägt.

Die Frage, ob eine Weltordnung auf Grund des Miteinanderredens und Beschließens als Bedingung und Folge der Freiheit möglich sei, wird wohl beantwortet: sie ist noch niemals da gewesen. Das aber ist kein Gegengrund gegen ihre Möglichkeit. Sie steht in Analogie zur Entwicklung der bürgerlichen Freiheit in demokratischer Ordnung, zu dieser Überwindung von Gewalt durch Recht und Gesetz, die zwar selten und immer nur unvollkommen, aber doch faktisch in Ausnahmefällen gelungen ist. Was in begrenzten Staaten geschehen ist, was also überhaupt wirklich war, das ist grundsätzlich im Ganzen der Menschheit nicht unmöglich. Wenn aber der Gedanke auch leicht zu fassen ist, die Verwirklichung ist ungeheuer schwer, so schwer, daß immer wieder viele geneigt sind, sie für unmöglich zu halten.

Jedenfalls führt der Weg geschichtlich über die faktischen politischen Machtpotenzen. *(UZG 250 f.)*

Möglichkeiten und Grenzen einer Weltordnung

Das Zeitalter der Welteinheit ist vorwegnehmend nicht zu entwerfen, so brennend auch unser Interesse daran sein mag. Möglichkeiten und Grenzen dessen, was sein wird, lassen sich aber vielleicht erörtern:

Alles Geschehen ist nun *von »innen«*. Von einem Außerhalb, wie es für die Universalreiche der Vergangenheit doch immer noch bestand, können keine fremden Mächte, keine Barbarenvölker mehr einbrechen... Die Welteinheit wird einzig, allumfassend, abgeschlossen, daher mit den früheren Imperien nicht ohne weiteres vergleichbar sein.

Wenn keine Bedrohung von außen mehr ist, so fehlt die Außenpolitik, es fehlt die Notwendigkeit, die Ordnung abzustellen auf eine Verteidigungsnotwendigkeit gegen äußere Angriffe. Der Satz vom Primat der Außenpolitik vor der Innenpolitik hat seinen Sinn verloren, wie schon die Geltung des Satzes immer dann zurücktrat, wenn die äußere Bedrohung gering war (etwa in England) und in Zeiten der großen Imperien, wenigstens für kurze Zeiträume (in Rom, in China).

Die gesamte Produktion kann dem Dasein zugute kommen, statt der kriegerischen Zerstörung.

Der notwendige Zusammenhang von Militärorganisation (gegen die Bedrohung von außen oder für Eroberungsabsichten), Totalplanung, Gewalt und Unfreiheit zerbricht. Es bleibt aber die Möglichkeit desselben Zusammenhangs in einem Terrorstaat als Weltimperium. *(UZG 248 f.)*

Gerechtigkeit und Freiheit als Aufgabe

Die richtige Welteinrichtung gibt es nicht. Die Gerechtigkeit bleibt unendliche Aufgabe. Sie muß verfehlt werden in den gewaltsamen Fixierungen menschlichen Planens als vermeintlicher Herstellung der richtigen Welteinrichtung. Denn wenn die Freiheit aufhört, ist auch die Gerechtigkeit unmöglich.

Aus dem offen bleibenden geschichtlichen Wege aber würde die restlose Freigabe der Willkür an alle oder einzelne Individuen wiederum die Aufgabe verfehlen. Denn es wüchse die Ungerechtigkeit, und ohne Gerechtigkeit ist keine Freiheit möglich. *(UZG 238)*

Endziel der Weltordnung

Das *Endziel* kann man nur als Idee entwerfen: die friedliche Einheit der Menschheit durch vielfache und schließlich alle Völker eingliedernde Verträge aller Staaten in vielfachen Abwandlungen. Wünschenswert sind möglichst viele kleine Staaten, deren Größe wegen der Technik der Wirtschaft ein gewisses Minimum, wegen der Freiheit aller ein begrenztes Maximum erfordert....

Wie sie wirklich wird, kann niemand vorhersagen. Nur negativ ist das politisch Wünschbare auszusprechen. Kein Weltstaat, kein Weltparlament – auf diesem Wege entstünden unfehlbar Diktatur und totale Herrschaft. Keine Weltpolizei – auf diesem Wege entstünde eine zentrale Macht, die bei Abschaffung der Heere die faktische Gewalt bekäme, sie ergreifen und ausnützen würde. Das Mögliche und Wünschenswerte würde ein Gewebe von vielen Verträgen sein, das die Menschheit zu einer faktisch friedlichen Einheit in einem doch immer labilen Zustand verbände.

(BRD 228f.)

Gegen ein Weltimperium

Weltimperium, das ist der Weltfriede durch eine einzige Gewalt, die von einem Orte der Erde her alle bezwingt. Es hält sich aufrecht durch Gewalt. Sie formiert durch Totalplanung und Terror die nivellierten Massen. Einheitliche Weltanschauung wird in simplen Grundzügen allen durch Propaganda aufgezwungen. Zensur und Lenkung der geistigen Tätigkeit zwingt diese in den jeweiligen, jederzeit modifizierbaren Plan. *(UZG 246)*

Wie aber im Unterschied von einer Weltordnung Seele und Geist des Menschen im *Weltimperium* sich verwandeln, ließe sich nach Analogie im römischen und im chinesischen Imperium vermuten: eine nie dagewesene Nivellierung des Menschseins ist wahrscheinlich, ein Ameisenleben in leerer Betriebsamkeit, eine Erstarrung und Eintrocknung des Geistes, eine Konservierung durch geistlos werdende Autorität in Rangordnungen der Macht. Jedoch diese Gefahren können beim Menschen nicht absolute sein. In der imperialen Welteinheit wird es neue Weisen der Bewegung geben, Möglichkeiten der Vereinzelung, der Revolution, der Sprengung des Ganzen zu neuen Teilen, die wieder miteinander im Kampf stehen. *(UZG 250)*

Leben mit dem Globus vor Augen

Man muß leben mit dem Globus vor Augen. Europa ist klein geworden. Das Schwergewicht der Industrie bringt die Überlegenheit der großen Kontinente Amerika und Asien. Raum, Rohstoffe und Menschenmassen sind unumgängliche Realität der Macht. Was einst Kolonie war, wird Herr über Europa. Die beiden großen neuen und letzten Gebilde des Abendlandes, Amerika und Rußland, werden die Herren der Welt. Würde es heute die Vereinigten Staaten des kleinen Europa geben, so wären sie vielleicht noch eine gegenüber Amerika und Rußland gleichwertige Macht. Aber abgesehen von dem Zweifel an der Wünschbarkeit dieser Macht würde auch dann die Entwicklung Europa diese Stellung bald nehmen, weil das natürliche Wachsen der Kräfte der kontinentalen Weltmächte das kleine Europa immer kleiner werden läßt. *(RA 291 f.)*

Die UNO

Die UNO ist mehr als nichts. Da es im Augenblick unmöglich ist, das Handeln der großen und kleinen Mächte sofort, durch einen Umschlag der Gesinnung, zum Frieden zu bringen, ist die UNO ein Operationsmittel, wenn es auch noch so schlecht funktioniert, um in nicht voraussehbarer Weise doch dem Frieden zu dienen. Trotz allen Widersinns steckt in der UNO ein Sinn. Trotzdem sie so groteske Täuschungen entstehen läßt, leistet sie selber etwas, das gegen diese Täuschungen steht. Die Überführung des Angstzustandes der Menschheit als fragwürdigen Grundes des Friedens in den Rechtszustand als echten Grund des Friedens ist in der UNO wenigstens proklamiert. Noch sehen wir nicht, wie die Labilität des Friedens, der durch Angst besteht, in die Stabilität des Friedens, der durch eine Organisation des Rechts gehalten wird, stattfinden soll. Die UNO aber gibt den Rahmen für den Fall, daß eines Tages die Bewegung zum Recht wie ein Sturm durch die Menschheit ginge. *(AZM 220)*

Wahre Politik ist Weltpolitik

Wahre Politik auch der Kleinsten ist heute Weltpolitik oder an der Wirklichkeit der Weltpolitik orientiert.

(AZM 112)

Politik als das Schicksal

Erst die Politik entscheidet über das Schicksal. Politik kommt aus ganz anderen Ursprüngen als aus Wirtschaftsblüte und soldatischer Tüchtigkeit. *(FW 116 f.)*

Im Kampf mit dem Drachen

Denn Politik ist das Handeln, das orientiert ist an der Macht und an der Möglichkeit der Gewalt. Menschsein aber ist gebunden an die Selbstbegrenzung der Macht durch Gesetz, Recht und Vertrag. Wo die Macht keine Einschränkung mehr zuläßt, da ist ihr nur zu begegnen durch ebenso restlosen Einsatz aller eigenen Kräfte. Daß man im Kampf mit dem Drachen nicht selber zum Drachen werde und doch nicht an Kraft verliere, den Drachen zu bändigen, das ist die Schicksalsfrage der Menschheit heute. *(RA 324)*

Eine neue Verantwortungspolitik

Der politische Zustand, als Ethos der Vernunft, in dem die Atombombe abzuschaffen möglich wäre, fordert: Alle politischen Entscheidungen sind von dem Äußersten des Untergangs her zu prüfen, in die Rangordnung ihrer Wesentlichkeit zu bringen. Dieses Äußerste darf nicht einen Augenblick vernebelt werden. Von ihm her soll das eigensüchtige, bequeme, wunschbedingte Verschleiern verwehrt werden. Die Entscheidung auch des scheinbar Kleinen soll im Horizont des Äußersten geprüft werden.

Eine neue Verantwortungspolitik würde wirklich werden. Das augenblickliche Interesse würde unter die Bedingung eines höheren Interesses gestellt. Dieses höhere Interesse wäre nicht mehr negativ die Angst vor dem Untergang, sondern positiv die Idee der Menschheit als freier Gemeinschaft unendlicher Vielfachheit der Lebenswege und Glaubensweisen, der Erfahrung des übersinnlichen Grundes, durch den wir sind. *(AZM 321)*

Einheit von Politik und Ethos

Das Ethos des Staatsmanns gehört zum Ethos, das ein Volk und die Einzelnen trägt. Es ist ein Ausweichen vor der Situation, wenn wir Politik und Moral trennen und die Aufgabe der großen Entscheidungen von dem gemeinschaftlichen Ethos in eine von anderen zu verantwortende bloße Politik verschieben und diese anderen vielleicht zugleich verachten (»Politik macht gemein«). Als ob ein Mensch außerhalb, unverantwortlich für die Politik, leben könnte, durch die er faktisch sein eigenes Dasein hat! Dieses vermeintliche Reinhalten eines freien privaten Daseins und einer geistigen Welt, abgesondert von der Politik, ist in gewissen Zuständen relativ stabilen politischen Daseins scheinbar möglich. Aber nur scheinbar. Denn diese Verantwortungslosigkeit muß die Politik, die sie verachtet, gerade weil sie sich unwahrhaftig nicht um sie bekümmert hat, als Verhängnis, vernichtend und entlarvend, über das eigene Dasein hereinbrechen sehen. *(AZM 333)*

Menschenrechte

Heute sind die Menschenrechte, die faktisch weniger als jemals gelten, zugleich dringlicher als je geworden.

(AZM 61)

Die Menschenrechte haben wirksame Geltung nur, soweit Staaten sie in ihre Verfassungen als Grundrechte aufnehmen, auf ihrer Unantastbarkeit bestehen und sie durch ihre Gerichte schützen lassen. Sie sind daher nur in freien Rechtsstaaten möglich. Darüber hinaus haben sie nur eine moralische Macht, so gering wie die Zehn Gebote oder die Bergpredigt.

Die Instanz zum Schutz der Menschenrechte wäre die

Menschheit. Die Menschheit kann eine solche Instanz mit Exekutivgewalt bisher nicht schaffen. Eine richterliche Instanz, mit allen Kautelen eines unabhängigen Richtertums, das keine Weisungen und keine Ratschläge aus nationalen oder staatlichen Souveränitäten empfängt – analog den bisher besten Richtern der angelsächsischen Welt – ist vorläufig utopisch. Daher sind die Menschenrechte faktisch inexistent, existent nur soweit sie für Bürger eines Verfassungsstaats rechtlich durchsetzbar werden. *(HS 341)*

Man hat die Zahl der Menschenrechte ständig erweitert und spezifiziert: auf Schulunterricht, auf parlamentarische Regierung durch allgemeine, gleiche und geheime Wahlen, auf das Briefgeheimnis, auf die Jagd auf eigenem Boden usw. Dadurch sind die einfachen elementaren Rechte des Menschen in ihrem Eindruck geschwächt, in ihrer Bedeutung vermindert: das Recht auf Sicherheit von Leib und Leben, das Recht auf Arbeit, das Recht auf Staatsangehörigkeit und auf die Teilnahme an der politischen Freiheit, das Recht auf unbeschränktes Denken und Sprechen und auf den eigenen Glauben. *(HS 344)*

Die Einheit der Menschheit ist heute die von der Realität selber aufgegebene Idee. Sie kann nur entstehen durch die Gemeinschaft in den Menschenrechten. Diese Einheit ist wieder Voraussetzung für die Rettung der Menschheit überhaupt. *(AZM 62)*

Gleichheit

Die Ungleichheit ist Tatsache, die Gleichheit eine im Raum der Freiheit sinnvolle Idee. Die Gleichheit der Wirklichkeit vorauszusetzen, ist heute ein Verhängnis der Weltpolitik. Die Gleichheitsforderung dort, wo die Gleichheit faktisch nicht besteht, wird zu einer Ursache der Gewalt. Die Gleichheitsforderung dort, wo sie, immer zuerst im Anspruch an sich selbst, berechtigt ist, wird zum Ausgang der Friedensstiftung. *(A 47)*

Sozialismus

Sozialismus heißt heute jede Gesinnung und jede Tendenz und jeder Plan, die auf die Ordnung des Zusammenarbeitens und Zusammenlebens aller gehen unter dem Maßstab der Gerechtigkeit, unter Ablehnung von Privilegien. Sozialismus ist die universale Tendenz der gegenwärtigen Menschheit zu einer Organisation der Arbeit und des Anteils an dem Erarbeiteten zur Ermöglichung der Freiheit aller Menschen. Insofern ist heute fast jeder Sozialist. Sozialistische Forderungen finden sich bei allen Parteien. Sozialismus ist der Grundzug unseres Zeitalters. *(UZG 217)*

Der Sozialismus bewahrt aus seinem Ursprung die Idee der Freiheit und Gerechtigkeit für alle. Er hält sich von Verabsolutierung fern. Jedem Menschen ist er durch Einsicht zugänglich. Er kann alle verbinden. Das ist nicht mehr möglich, wo er glaubensfanatisch, aus der Verabsolutierung doktrinär, gewaltsam wird.

Der Sozialismus sieht heute die große Aufgabe der gemeinsamen Befreiung aller durch Einrichtungen, in denen sie sich dem Notwendigen unterwerfen, aber so, daß sie damit ihre Freiheit steigern. Es ist eine außerordentliche Situation, in der ursprüngliche Gründungen im geschichtlichen Zusammenhang möglich scheinen, wie sie noch nicht da waren. Die Daseinsordnung ist die große ungelöste Aufgabe des Zeitalters. Der Sozialismus ist der Wortführer aller Tendenzen, die auf diese Ordnung gehen. Er wird seinem Ziele näher kommen in dem Maße, als er Einmütigkeit ohne Gewalt erzielt, schrittweise sich geschichtlich voranbewegt und nicht im Willen zu unmittelbarer totaler Verwirklichung in den Abgrund stürzt, in dem die Geschichte aufhören müßte, wenn nicht trotz allem auch dann der Mensch aus der Tiefe seines Wesens wieder neue Wege fände. *(UZG 239)*

Die Idee der Freiheit als Grundlage

Die sittlich-politische Grundlage der Staatsgemeinschaft kann heute weder der christliche Glaube, noch eine Art des Marxismus, noch irgendeine Weltanschauung sein, sondern nur das, was alle Staatsbürger gemeinsam bejahen können, die politische Freiheit als Idee.... *(FW 62)*

Freiheitsbewegungen

Die Größe unserer abendländischen Geschichte sind die Freiheitsbewegungen im Miteinanderreden: in Athen, im republikanischen Rom, im frühen Island, in den Städten des späten Mittelalters, in den Konstituierungen der Schweiz und der Niederlande, in der Idee der Französischen Revolution trotz ihres Abfalls und ihres Übergangs in Diktatur, in der klassischen politischen Geschichte der Engländer und Amerikaner. Wo die Freiheit in einer Abstraktion zum Ziel gemacht wird, da wird sie eine Phrase auf dem Weg zu irgendeiner neuen Gewaltsamkeit. Wo in Freiheit redliche Selbstbezwingung aller, die miteinander handeln, stattfindet, da geschehen konkrete Schritte zur Verwirklichung der Freiheit der Zustände. *(RA 287 f.)*

Nur die politische Freiheit kann uns zum ganzen Menschen werden lassen. *(KS 77)*

Die Bombe als Kardinalfrage

Die Frage nach der Atombombe steht wegen der möglichen Vernichtung der Menschheit an erster Stelle. Alle unsere politischen Handlungen müssen danach beurteilt werden, ob sie die Gefahr der Anwendung der Bombe vergrößern oder nicht. *(A 15)*

Der Friede hat den Vorrang

In der Weltsituation heute hat den Vorrang alles, was dem Frieden dient. Denn anders als jemals vorher ist ein Weltkrieg der Untergang der Menschheit. Der Sinn des Krieges ist grundsätzlich derart verändert, daß es für jeden einsichtigen Menschen klar ist, daß es keinen Krieg mehr geben darf. *(A 108)*

Die totale Abrüstung

Der Weg der Rettung wird erst beschritten, wenn die Möglichkeit des Kriegs überhaupt getilgt, die totale Abrüstung unter totaler Kontrolle vollzogen wird. Das aber ist nur durch eine Wandlung der Lebensverfassung der Menschen erreichbar. Diese setzt eine Wahrhaftigkeit voraus, die schon durch jene Ablenkung gerade verhindert wird. Es kommt auf die Bedingungen des Friedenszustands an. Solange diese nicht im ganzen gesehen und verwirklicht werden, ist das Herausheben eines Aktes vergeblich und unwahrhaftig. Es ist die Folge einer blinden Angst, die sich an irgendein zunächst Greifbares klammert, oder es ist die Folge einer List zu eigenem Vorteil. *(AZM 226)*

Krieg und kriegloses Atomzeitalter

Gelänge die Ausschaltung des Kriegs aus dem menschlichen Leben, so würde auch die Meisterung der Schwierigkeiten eines kriegslosen Atomzeitalters gelingen. Die Horizonte, die sich hier öffnen, können uns beflügeln, so zu leben, daß Chancen für die Zukunft gefördert werden. Aber wenig läßt sich im bloßen Gedanken vorwegnehmen.

(AZM 246)

Wenn das Volk nicht Krieg führen will

Wenn das Volk nicht Krieg führen will – in dieser Situation unserer Zeit –, muß es das Recht und die Möglichkeit haben, zu revoltieren: durch Streiks, durch Gehorsamsverweigerung, durch den Widerstand gegen alle Mächte, die doch nicht helfen, sondern Freiheit und Leben zugleich nehmen. Vielleicht will das Volk lieber überleben und sich unterwerfen, vielleicht mit Folgen, die gleicher Art sind, wie das, wogegen es sich gewehrt hat. Aber es will die Chance der Rettung. Diese liegt nicht in der Vergewaltigung, sondern vorher in der Politik einer Regierung, die keinen fremden Staat bedroht, und die so handelt, daß kein fremder Staat sich bedroht fühlen muß, und nachher in der Chance der gemeinsamen Gehorsamsverweigerung der aufeinandergehetzten Soldaten und Völker. *(BRD 163)*

Pazifismus

Die Aktion des Pazifismus ist das Protestieren. Aber faktisch protestiert er damit gegen das menschliche Dasein. Er will die Grenze nicht sehen: Wer das Dasein der Menschenwelt will und daß in ihr gebaut und der geschichtliche

Gang ins Unabsehbare fortgesetzt werde, kann der Situation nicht ausweichen, daß angesichts der Gewalt nur Gewalt übrigbleibt oder Unterwerfung unter Gewalt, schließlich unter die Gewalt des Totalitären. Der Pazifist sagt, die Gewalt sei ohnmächtig, den Frieden zu schaffen und das Leben der Menschen zu sichern. Das ist zwar richtig, aber bedingungsloser Verzicht auf Gewalt hätte nur Folgen für den Verzichtenden, nicht für den Gesamtzustand der Menschheit. *(AZM 69)*

Ewiger Friede als Idee

Die Entwürfe ewigen Friedens oder der Voraussetzungen für einen ewigen Frieden bleiben wahr, auch wenn sich die Idee als konkretes Ideal nicht verwirklichen läßt, vielmehr über jede reale Gestaltung hinaus unendliche Aufgabe bleibt. Eine Idee läßt sich weder mit dem vorweggenommenen Bilde einer möglichen Realität noch mit der Realität selber in Deckung bringen, wenn sie auch der Sinn im Planen ist.

Ihr Grund aber ist ein unbegründbares Vertrauen, nämlich der Glaubensgewißheit, daß nicht alles nichtig, nicht nur ein sinnfremdes Chaos, ein Verlaufen aus nichts in nichts ist. Diesem Vertrauen zeigen sich die Ideen, die uns bei unserem Gang durch die Zeit führen. Für dieses Vertrauen liegt Wahrheit in der Vision des Jesaias, in der die Idee zum symbolischen Bilde wird, dieser Vision der Eintracht aller: »Und sie werden ihre Schwerter zu Pflugscharen umschmieden, – und ihre Spieße zu Winzermessern. Kein Volk wird gegen das andere das Schwert erheben, – und sie werden den Krieg nicht mehr lernen.« *(UZG 266)*

Idee der Demokratie

Demokratie wächst mit dem Denken des Volkes. Ohne dieses ist sie eine entsetzliche Täuschung. Daß die Entwicklung dieser Urteilskraft möglich ist, ist die Idee der Demokratie. *(FW 97)*

Das Grundvertrauen zum Volk

Für uns ist das Grundvertrauen zum Menschen, zum Volke, Bedingung sinnvollen Lebens. Dieses Vertrauen wird nicht dem Menschen geschenkt, wie er ist, sondern dem, was er werden kann durch sich selbst. Es ist nicht als richtig zu beweisen, eher zu widerlegen. Wer es nicht hat, kann wenigstens wahrhaftig sein und die Alternative sehen. Das Mißtrauen, aufs höchste getrieben, hat zur Folge: Das Menschendasein ist eine Episode, ein Prozeß der Selbstzerstörung, der vielleicht schon bald sein Ende erreicht hat.
(A 128)

Politische Reife des Volkes

Man sagt, ein Volk müsse »reif« werden, bevor ihm politische Freiheit wirklich gegeben werden könne. Das deutsche Volk sei nicht reif. Aber es hat keinen Sinn, zu warten. Ein Volk muß mit sich anfangen wie es sich findet, oder es fängt nie an. Es gibt keinen anonymen Naturprozeß des Reifwerdens eines Volkes, sondern freie politische Akte, ausgehend von kleinen Gruppen und von Einzelnen, die im Volk zum Bewußtsein bringen, was es sehen wollte.

Ein Volk wird reif zur Demokratie, indem es selber politisch aktiv ist. Daher ist Voraussetzung einer Demokratie, daß dem Volk ein Maximum von Mitwirkung zur

Aufgabe wird oder daß es sich diese nimmt, und das Vertrauen zum Volk, nicht zu dem, was es ist, sondern zu dem, was es werden kann.

Will man eine Demokratie gründen, so ist daher der erste und letzte Gedanke: Wie nimmt das Volk sich die Möglichkeiten oder wie werden sie ihm gegeben, auf die vielfachste Weise nunmehr selber politisch tätig und dadurch politisch reif zu werden? Denn wenn man das Volk nicht hineinspringen läßt in politische Tätigkeit und in die Erfahrungen seines Handelns, dann gibt es keine andere Methode der Reifung. Von selber, wie im Wachstum organischer Formen, wächst keine politische Reife. *(A 129f.)*

Das Volk in der Bewegung der Aufklärung

Wer die Forderung leugnet, das Volk zur maximalen Mitwisserschaft und zur Mitentscheidung zu bringen, leugnet das Vertrauen zum Volk und damit zur Demokratie und begehrt die »Obrigkeit« als solche, wie auch immer sie entstanden sein mag, und was sie auch immer durch ihre Vertreter, die nur Menschen sind wie das Volk, tauge. Solche obrigkeitlich Regierenden meinen, selber nicht Volk zu sein, sondern besser zu verstehen als das Volk versteht, während die großen, einfachen Schicksalsfragen gerade vom Volke verstanden werden, wenn ihm von den Regierenden und von den freien politischen Schriftstellern gesagt wird, was ist und was geschieht, welche Ziele möglich sind. Dann wird das Volk eintreten in die Bewegung des unablässigen Aufklärens. In dem Maße als das geschieht, wird das Volk wissen, was es eigentlich will. Das Volk im ganzen behält immer den Vorrang vor den gewählten Vertretern, auch in den Jahren zwischen zwei Wahlakten. *(A 89)*

Der neutrale Kleinstaat

Der neutrale Kleinstaat erlaubt die höchste Freiheit des einzelnen Bürgers. Die Gefahr der Neutralität ist eine ganz andere: Die materiellen Vorteile der Neutralität können verführen zum Wohlleben im Geschäftemachen und zum Nutznießerdasein. Das Nichtdabeisein in vermeintlicher Gefahrlosigkeit läßt den Opfergedanken verlorengehen. Es kann ein Pharisäertum entstehen, das die seine eigene Gefahrlosigkeit bedrohenden Mächte nur moralisch verurteilt, die der Situation entsprechende Verantwortlichkeit aber verschwinden läßt. Der Blick in die Abgründe politischen Tuns trübt sich in dem selbstzufriedenen Glauben an eine mögliche Harmonie und richtige Welteinrichtung, wenn die Menschen nur so wären wie man selber. Alle Probleme scheinen lösbar. Dann kommt eine Falschheit im Daseinsbewußtsein überhaupt zur Geltung. *(AZM 192)*

Bürgerkrieg

Die Freiheit kostet etwas, denn sie kommt in die Lage, sich behaupten zu müssen. Wenn es sich darum handelt, die politische Freiheit des Volkes zu bewahren, zu retten, zu finden, so ist immer der Bürgerkrieg möglich. Den Bürgerkrieg gab es in den freien Ländern, gab es in Holland, in der Schweiz, gab es in England. Wenn er nicht riskiert wird, dann fügt man sich der Unfreiheit, dem Unrecht, ja dem Verbrecherstaat des Nationalsozialismus. »Nur kein Bürgerkrieg«, tausendmal habe ich es in meinem Leben gehört, schon als Knabe, zuletzt 1933. Vielleicht ist zu sagen: Weil bei uns nie ein Bürgerkrieg war (außer den monarchischen, in der Tat niederträchtigen, erzwungenen »Bürgerkriegen« Friedrichs II. gegen Österreich, Wilhelms I.–Bismarcks gegen Österreich und die annektierten deutschen Staaten), darum haben wir keine Freiheit errungen; statt dessen haben wir uns gewöhnt, Unrecht zu dulden und zu billigen und zu sagen: das gehört zur Politik. *(A 81 f.)*

Gegen die Freigabe der Gewalt an eine absolute Herrschaft kann nur noch die Gewalt ein Schutz sein. Soll eine Minorität verzichten, wenn die Majorität die irreversible Gewalt über sie errichten, sie vernichten will? Ein Volk, das in solchem Falle nicht den Bürgerkrieg der Unfreiheit vorzieht, ist kein freies Volk. Nur der Bürgerkrieg kann in solcher Lage die angemessene Entscheidung bringen. Unterliegt dann die Freiheit, statt von vornherein auf sie zu verzichten, hat das Volk durch seine Minorität wenigstens bezeugt, was es seinem Wesen nach ist und sein könnte. *(BRD 144 f.)*

Revolutionen

In einer gewaltsamen Revolution sehe ich nur Unheil, vor allem in der bei uns bisher allein gefährlichen Revolution von oben, wie sie 1933 am Ende der Weimarer Republik geschah, und wie sie durch ein Notstandsgesetz wieder herbeigeführt werden könnte. Die Revolution von unten, die wir nie gehabt haben, ist bei uns ein fiktiver Schreck, mit dem allen denen, die Ruhe und das Bestehende wollen, für ihr Eigentum und ihr Leben fürchten, Angst eingejagt wird. Sie werden gefügig gemacht für die Revolution oder die Gewalt von oben. So ist es bei uns nach den Freiheitskriegen, vor allem aber seit 1848 immer wieder, sogar 1918/1919, geschehen. Aber die Möglichkeit der »legitimen Revolution« von unten ohne Gewalt ist Bedingung der Freiheit des Staats und seiner Bürger: Sie kann geschehen durch politischen Streik, durch Massenproteste, durch Verweigerung der Mehrzahl, die Wahl auszuüben, durch unmittelbare legale Aktionen aus dem Volke.

Die echte Revolution ist die Revolution der Denkungsart, die keine Gewalt will, sondern überzeugt. Sie braucht die Gewalt des bejahten Staats zum Schutz der legalen und legitimen Formen politischer Wandlung, aber nicht die Gewalt für ihren eigenen Sinn. Sie greift nicht den Staat, sondern im Namen des Staats die Regierung an. *(BRD 190)*

Die legale Revolution

Unter legaler Revolution verstehe ich also Akte ohne Gewalt, ohne Waffen; Akte, die sich der Mittel bedienen, die durch das Grundgesetz nicht verboten sind. Eine legale Revolution ist ein Vorgang, in dem ein Volk sich mit seinem Willen und Denken zur Geltung und Mitwirkung bringt, zum Mitwissen der Lage und zum Mitwissen des Schicksals und der Risiken in Wahrhaftigkeit. Eine legale Revolution ohne Gewalt mit legalen Mitteln im Rahmen des Grundgesetzes nützt alle Möglichkeiten der gegebenen Freiheiten. Wir sind ja noch keineswegs ein unfreier Staat. Solange wir die Freiheiten noch haben, müssen wir sie ergreifen, statt sie Schritt für Schritt noch weiter zu verlieren. Diese Nutzung der legalen Freiheiten ist durch die legale Revolution möglich, die kein einmaliger Akt ist, sondern ein fortdauernder Prozeß, in dem die Dinge in der Richtung auf Freiheit hin neu gegründet werden. *(A 91 f.)*

Kampfmethoden in der Demokratie

In seinem Kreise von den großen politischen Lebensfragen und den kleinen politischen Fragen des Alltags sprechen und von dem, was hier an diesem Ort jetzt geschieht. – Freundeskreise entstehen lassen. Der einzelne ist völlig ohnmächtig. Wo zwei sind, wo drei, wo mehrere, da ist auch schon der Anfang von Macht. – Ständig sich informieren und geistig arbeiten: diese Informationen in Zusammenhang bringen, nicht aber sich einbilden, schon alles recht zu wissen und zu wollen. – Bescheiden anfangen und denken: vielleicht habe ich noch keine zuverlässige Urteilskraft und keine Geistesgegenwart. – Sich beteiligen bei einer Partei; dort die heute unerläßlichen Erfahrungen gewinnen, die Regelmäßigkeiten der Realität in ihren unerwünschten Folgen kennen lernen, wie Parteidisziplin und anderes; nicht gleich aus Besserwissen alles verwerfen, aber schweigen lernen und den Augenblick abwarten und ständig um Besserung der Partei von innen sich zu bemühen. – Die Hauptsache: nichts von oben und außen erwarten, sondern selbst Initiative ergreifen und im Zusammenhang mit der sachlichen Kritik an Zuständen, Vorgängen, Ereignissen zugleich Kritik an sich selber vollziehen. *(A 211)*

Der Schritt zum gewaltlosen Kampf

Die alte Politik führt zum totalen Krieg und zur totalen Herrschaft. Sie macht alles zum Kriegsschauplatz schon im Frieden als dem Kalten Krieg. Unser Zeitalter wird die Entscheidung treffen zwischen dieser Steigerung der alten Politik und der Umkehr. Wenn die letztere geschieht, dann ist nicht nur die Frage, wo der Kampf völlig aufhören soll (als Gewaltakt), sondern auch, wo und wie er in seinem natürlichen Wesen bleiben soll (unter Abstreifung der Gewalt). Mit jedem Schritt zum reinen gewaltlosen Kampf hin wird die Weise des neuen Kampfes schon ein Schritt zur Kriegsüberwindung. *(AZM 483)*

Methode der non-cooperation

Etwas ganz Anderes ist die politische Kampfmethode der non-cooperation zur Befreiung von Herrschaft. Sie ist berühmt geworden durch Gandhi, der sie mit größtem Erfolg angewendet hat. Es handelt sich um einen einmaligen geschichtlichen Vorgang, der nur unter englischer Herrschaft und englischen politischen Prinzipien mit Erfolg durchführbar war, ein Ruhm mehr Englands als Gandhis. Das Prinzip als solches ist dann verlogen, wenn es nicht Ausdruck der Lebensverfassung »Widerstehe nicht dem Bösen« ist, sondern faktisch nur eine politische Methode, die unter bestimmten Bedingungen Erfolg haben konnte. Sie selber ist eine Art von Gewalt, wie sich in der Durchführung alsbald zeigte. *(A 44)*

Wirklichkeit der Gewalt

Wir müssen die Wirklichkeit der *Gewalt* anerkennen. Sie ist nicht schon abgeschafft durch den Willen zur Gewaltlosigkeit. Sie ist eine harte, nicht wegzuredende Wirklichkeit. Wo sie verschwunden scheint in glücklichen, friedlichen, privaten Situationen, wird vergessen, daß auch dieses Dasein sich irgendwo auf Gewalt gründet, die andere vollzogen haben oder vollziehen. Der Gewaltlose ist Nutznießer solcher Gewalt. Und sogar in der Friedlichkeit selber ist die Gewalt doch plötzlich in irgendeiner Form wieder da. Für politische Zielsetzungen ist sie zwar nicht Norm, aber einschränkender Faktor. Wer Vorstellungen von absoluter Gewaltlosigkeit hat und an sie glaubt, verfällt eines Tages erst recht an die Gewalt. *(BRD 206)*

Die friedliche Gewalt

Die friedliche Gewalt ist so erbarmungslos wie die kriegerische. Daß sie still und langsam und schrittweise vor sich geht, bis der Augenblick zwar nicht der unmittelbaren physischen Vernichtung des Gegners, aber der Beraubung seiner Subsistenzmittel eintritt und damit der Hunger, macht für den Einzelnen den Endeffekt nicht erträglicher. Daher kann der Durchbruch mit physischer Gewalt gegen die hoffnungslos erscheinende Einschnürung durch friedliche Gewalt immer dann geschehen, wenn diese letztere der Gerechtigkeit dauernd ins Gesicht schlägt. Die verzweifelte Revolte könnte von kleinen Staaten ausgehen. *(AZM 233)*

Ideologien

Ideologien zerstören, sofern Erwartungen enttäuscht werden, sofern das Bewußtsein nicht der Wirklichkeit entsprach und daher zu schädlichen Handlungen veranlaßte und sofern die Wirklichkeit versäumt oder verschleiert wird. Aber die Zerstörung infolge von Ideologien bewirkt Krisen, welche neue Möglichkeiten bringen. Der Untergang der Träger von Ideologien wird der Anfang neuen Aufbaus durch andere Menschen mit verwandelten Ideologien. Im Ganzen kann sich der verstehende Betrachter der Geschichte nicht dem überwältigenden Eindruck entziehen: Immer geschieht menschliches Leben auch aus Ideologien, daher muß es immer auch am Irrtum zugrundegehen; immer muß es anders werden, da kein wahrer, endgültiger Zustand des Einklangs von Bewußtsein (Wissen, Erwartung, Absicht) und Wirklichkeit möglich ist. Immer geschieht im Laufe der Dinge das, was so niemand erwartet und niemand gewollt hat. *(W 482)*

Politiker als Feinde der Aufklärung

Die aktiven Politiker sehen politische Schriften an auf ihre Eignung, ihren Zielen zu dienen. Sie meinen in ihnen selber politische Akte zu erkennen, da sie ihre Kreise stören. Der freie politische Geist ist ihnen eine Gefahr wegen der möglichen Beeinflussung der Volksmassen, die sie allein sich selber vorbehalten möchten. Darum lassen sie politische Schriften gelten, wenn sie langweilig sind, keinen Widerhall finden, nicht in Köpfen und Herzen der möglichen Wähler Wurzeln schlagen. Denn die Politiker, ob sie es zugeben oder nicht, sind geheime Gegner des Aufklärungsprozesses, des Mündigwerdens der Bevölkerung im ganzen.

(HS 367)

Aufklärung, Liberalität, konservativ

Aufklärung, Liberalität, konservativ sind zweideutige Worte. Sie verwirren, wenn man nicht unterscheidet: Aufklärung als unendliche Bewegung im Sichherausarbeiten aus der selbstverschuldeten Unmündigkeit (Kant) und Aufklärung als Zustand des Bescheidwissens (Aufkläricht) – Liberalität als grenzenlose Offenheit für Vernunft und Kommunikation zum Gedeihenlassen aller echten Gehalte, auch derer, die nie in einem Menschen sich verbinden können, und Liberalismus als intolerante Verabsolutierung eines vermeintlich endgültigen Verstandeswissens von der Freiheit und Gleichheit aller Menschen, die in der Tat den beliebigen Triebhaftigkeiten Raum gibt – konservative Gesinnung als Ehrfurcht der Erinnerung und des Bewahrens, des Verwehrens leichtsinnigen Abwerfens und Zerstörens, und Konservatismus als lebensfeindliche Fixierung unbeweglich gehaltener Institutionen, Gedankenformen, Redeinhalte.

Daher fallen in eins zusammen: die Aufklärung, die Liberalität, das Konservative – und dieses eine Ganze wendet sich gegen die dazu untereinander sich bekämpfenden, aber in der Gesinnung verwandten Mächte des Rationalismus, des Liberalismus und des Reaktionären.

(FE 65)

Maximale Öffentlichkeit

Nur auf dem Weg der Wahrheit in der Öffentlichkeit kann der politische und wirtschaftliche Gang des Daseins für uns zum Guten führen. Maximale Öffentlichkeit ist für die Wahrheit notwendig. *(KS 113)*

Freie Presse

In der Freiheit der Demokratie ist die Kritik rücksichtslos. Die Presse ist, soweit sie unter der Idee der Demokratie steht, nicht nur der Form nach, sondern wirklich unabhängig. Sie weiß sich verantwortlich, aber allein für die Wahrheit. Sie nimmt nicht teil an der Politik durch Verschweigen, Beruhigen, Verschleiern. In ihr ergreifen die Schriftsteller das Wort, nicht als Kollektive, sondern als Persönlichkeiten. Das Dasein dieses freien Reiches geistigen Lebens als eine wirksame, in sich allein gegründete, selbständige Macht ist Bedingung der Demokratie. Alle offenen oder verborgenen Feinde der Demokratie sehen diese freie Geistigkeit politisch denkenden Charakters mit Unwillen.

(HS 22)

Zensur

Der Schutz ... gegen gewaltsame Eingriffe wie die *Zensur* ist Bedingung nicht nur freien geistigen Schaffens, sondern der politischen Freiheit der Menschen in freien Staaten. Dieser Raum ist als das »Palladium der Freiheit« (Kant) zu verteidigen. Gefahr für diese Freiheit sind schon die Eingriffe gegen »Schmutz- und Schundliteratur«, gegen sittlich gefährdende, auflösende, nihilistische Produkte, gegen Beleidigung geistiger Wirklichkeiten wie der »religiösen Gefühle«. Wenn die Freiheit des Willkürlichen und Bösen in der geistigen Öffentlichkeit nicht gewagt wird, kann die Freiheit der Verantwortung nicht gefunden werden. Durch gewaltsame Eingriffe der Zensur wird keine lebendige Ordnung geschaffen, sondern ein dirigierter, in der Tiefe ungeordneter chaotischer Boden. *(AZM 314)*

Politische Erziehung

In der Idee der Demokratie ist die Politik selber Erziehung. Aber im Unterschied von der früheren, auf privilegierte Schichten beschränkten Politik und Erziehung (wie sie großartig von Plato gedacht wurde) handelt es sich nun um die Erziehung des gesamten Volkes. Die Erziehung ist der Grund der möglichen Politik, und umgekehrt prägt die Politik der Vernunft aus dem Überpolitischen her diese Erziehung. Die Folge wird in jedem Einzelnen wirksam. Sie durchdringt das Private zugleich mit dem Öffentlichen.

(AZM 447)

Erziehung im politischen Denken ist schon für die reifer werdenden Kinder notwendig. Sie müssen mit den öffentlichen Dingen, mit den Wirklichkeiten des Staats in Berührung gebracht werden. Zur Vorbereitung auf das Leben persönlicher Mitverantwortung des mündig gewordenen Bürgers für die öffentlichen Dinge sollen sie schon auf der Schule sich üben durch das, was heute »Schülermitverantwortung« heißt. Sie sollen gemeinschaftliche Aufgaben übernehmen, in Zusammenkünften diskutieren, beraten und Entschlüsse fassen in bezug auf die Dinge, die ihnen in der Schule begegnen und ihre Sache sind. *(BRD 205)*

Kirchen in der Weltwende

Jetzt vor dem Äußersten liegt in den Kirchen, soweit ihnen Angehörende noch Gläubige sind, vielleicht die größte Möglichkeit. Sie können nicht mehr die Aufgabe haben, entweder – wie bisher – Kriege zu rechtfertigen, zur Aufrüstung zu raten, oder – entsprechend einem modernen Pazifismus – den Krieg zu ächten und jede Teilnahme an Rüstungen den Gläubigen zu verbieten. Das wären vordergründige Eindeutigkeiten. Eine einfache Entscheidung ist unmöglich in einer Lage, die für die Vernunft sich so ganz anders darbietet. Die Kirche muß tiefer wirken, so wie sie es von jeher beansprucht hat, auf jeden Einzelnen. Hier aber müssen ihre Forderungen so ernst, so streng, so klar, so bedingungslos werden – ohne Anpassung an die durchschnittliche Schwäche und die Bösartigkeit der Menschen, ohne Anbietung von *erleichternden* Gnadenmitteln –, daß die Kirche Gefahr läuft, daß die Menschen ihr davonlaufen. Die Gefahr der Abtrünnigkeit wegen Überforderung kann nur dadurch gemindert werden, daß die Menschen, die so Ungeheures wie priesterliche, seelsorgerische Hilfe leisten zu können meinen, durch sich selbst, durch die unbezweifelbare Güte, Liebe, Opferbereitschaft, mit jedem Wort und jeder Handlung schlicht und ungesucht bezeugen, daß sie in der Wahrheit stehen, die sie verkünden. Nur dadurch überzeugen sie andere.

Hier scheint die große Entscheidung der Kirchen zu liegen. Werden sie, anders als in ihrer bisherigen Geschichte, in der neuen Situation, vor der Aufgabe, wie sie noch nie war, sich selbst einsetzen, ihre Macht in der Welt, ihr eigenes Dasein wagen im Namen Gottes, von dem sie sprechen? Werden sie jetzt vor dem Äußersten noch bestehen wollen, wie immer, noch denken und handeln in den alten Bahnen, und dann als ein altes Gerümpel mit dem anderen Gerümpel der Menschheit zugrunde gehen, oder werden sie unter dem noch nie erfahrenen Anruf lieber durch das Wagnis, vollends von den Menschen im Stich gelassen zu werden, scheitern mit der Chance, allein durch dieses Wagnis zu ihrem Teil die Rettung zu bringen? Sie müßten ihr Dasein wagen, um den Menschen zu erwecken, nicht ihre Macht stärken, um die Menschen zu beruhigen.

(AZM 358f.)

Politische Schriftsteller

Was die Schriftsteller in ihrer Phantasie erdenken, geht von Wirklichkeiten aus und tastet sich an Wirklichkeiten voran. Ihre Aufgabe ist die wirklichkeitsnahe Phantasie, nicht die an bloße Fakten gebundene Beschränktheit. Sie denken im widerstandslosen Raum der Möglichkeiten. Dort können sie mühelos in leichtem Spiel sich bewegen. Aber was sie bringen, muß nicht windige Spielerei sein. Sie können das große Arsenal jener Möglichkeiten kennen lehren. Sie erblicken die Horizonte politischer Weltbilder. Sie kommen zu Richtlinien, aber nicht, solange sie freie politische Schriftsteller bleiben, zur politischen Aktion in der Situation des Tages. Der Staatsmann kann sich bei ihnen im weiten Raum der Denkbarkeiten orientieren, nicht aber seine Entschlüsse von ihnen übernehmen. *(A 5f.)*

Die Schriftsteller sind die dritte Macht zwischen Regierung und Volk, zwischen dem Handeln der Politiker und der öffentlichen Stummheit der Bevölkerung. Sie schaffen die alle verbindende Sprache. Diese dritte Macht hat aber eigene Bedeutung nur im Maße ihrer Unabhängigkeit.

Die Schriftsteller haben keine andere Macht als die der Überzeugungskraft. Wegen ihrer Machtlosigkeit nicht selten verachtet, sind doch sie es, die die Vorstellungen schaffen und die Denkungsarten üben. Was sie tun, mag überwiegend in den Wind geredet sein. Aber in diesem Tun entsteht, was die Welt bewegen kann. *(KS 115 f.)*

Propaganda ist unumgänglich

Die Propaganda bemächtigt sich durch Interessen und Mächte ohne Rücksicht auf Wahr und Falsch der nicht selbst denkenden, widerstandsarmen Seelen. Es ist unausweichlich, daß das Wahre selber heute in die Gestalt der Propaganda gelangen muß, um die Ohren der Menschen zu erreichen. Die große Aufgabe schaffenden Denkens ist daher die Erarbeitung der einfachen Gestalten des Wahren, damit es Widerhall findet in der jedem Menschen ursprünglich eigenen Vernunft. Wesentlich sind die einfachen Gedanken, die den Nachvollziehenden mit der Klarheit der Operation an jenem Punkte treffen, wo er nicht nur weiß, sondern innerlich handelt, das heißt, wo die Vernunft im ganzen wach wird. *(PuW 19 f.)*

Philosophie und Politik

Philosophie ist nicht ohne politische Konsequenzen. ... Keine große Philosophie ist ohne politisches Denken, nicht einmal die der großen Metaphysiker... *(PuW 365)*

Was eine Philosophie ist, zeigt sich auch in ihrer politischen Erscheinung. Man kann umgekehrt sagen: An der politischen Erscheinung läßt sich ablesen, was für eine nicht ausgesprochene, verborgene Philosophie oder Unphilosophie in diesem Kopf und Herzen wirksam ist. *(A 207)*

Erst mit meinem Ergriffenwerden von der Politik gelangte meine Philosophie zu vollem Bewußtsein bis in den Grund auch der Metaphysik. *(PuW 366)*

Hilft Philosophie?

Wird die Menschheit überhaupt noch weiterleben?

Hilft uns da die Philosophie? Es scheint: gar nicht. Sie hat uns die Befreiungen gebracht, aber nicht die Freiheit.

Sie kann nicht verkündigen, nichts Festes, nichts Absolutes als Halt an einer Realität in der Welt zeigen. Sie bleibt in schwebenden Chiffern.

Es gibt ohne Unredlichkeit nicht mehr eine prophetische Philosophie, die ihr Wissen durch vernünftige Einsicht als das allein Wahre, anderes ausschließend, besitzen und lehren könnte.

Was sie als erstes und letztes will, ist Wahrheit und, da niemand sie besitzt, die Forderung der Wahrhaftigkeit.

Philosophie setzt alles auf die Wahrheit, sogar ohne vorweg zu wissen, was sie sei. Daher von jeher ihre immer wiederholte und immer wieder ursprünglich ergriffene Frage, was Wahrheit eigentlich sei.

Philosophierend glauben wir, alles führe uns auf den rechten Weg, wenn wir wahrhaftig werden; ohne Wahrhaftigkeit aber sei alles verderbt und verloren. Um Wahrheit sich ohne Einschränkung zu bemühen, ist Bedingung des Lebenssinns. Dieses Bemühen verlangt höchste Besonnenheit und Ruhe in der Leidenschaft zur Wahrheit, die schon im unkritischen Wahrheitsfanatismus unwahr wird und verlorengeht.

Wahrheit scheint gegen das, was wir Glück nennen, scheint gegen unsere Wünsche gleichgültig. Sie kann anblikken als strahlende, uns beschwingende Göttin und das Antlitz der versteinernden Gorgo tragen.

Zur Wahrhaftigkeit gehört Mut. Philosophie lehrt, vor dem Äußersten die Augen nicht zu verschließen und im Sehen standzuhalten. *(ChT 103 f.)*

Ein Volk von Philosophierenden

Wir sollen besser philosophieren lernen. Dann werden wir gleichzeitig menschlich und politisch besser. Plato hat recht: Ohne die Verbindung von Politik und Philosophie bei den Regierenden gibt es kein Heil; aber, so fügen wir hinzu: Diese Verbindung muß auch das Volk erfassen, dergestalt daß es, in dem unaufhörlichen Prozeß der Auflösung zum Philosophieren gelangt, ein Volk von Philosophierenden wird. *(A 210)*

Was Vernunft ist

Vernunft ist in Bewegung ohne gesicherten Bestand.

Sie drängt zur Kritik jeder gewonnenen Position, steht daher im Gegensatz zu der Neigung, sich durch endgültig feste Gedanken vom weiteren Denken zu befreien.

Sie verlangt Besonnenheit – sie steht im Gegensatz zur Willkür.

Sie vollzieht die Selbsterkenntnis und, mit dem Wissen um Grenzen, die Selbstbescheidung – sie steht im Gegensatz zum Übermut.

Sie verlangt unablässig zu hören und kann warten – sie steht im Gegensatz zum verengenden Rausch des Affekts.

In diesen Bewegungen arbeitet sich Vernunft heraus aus den Fesseln des Dogmatischen, der Willkür, des Übermuts, des Rausches, – aber wohin?

Vernunft ist der Wille zur Einheit. Die Schwungkraft der Vernunft und die Vorsicht ihres Hellwerdens erwächst aus der Frage, was diese Einheit sei.

Sie will nicht irgendeine Einheit ergreifen, sondern die wirkliche und einzige Einheit suchen. In allem vorzeitigen und teilweisen Ergreifen von Einheit, wenn diese die letzte und absolute sein soll, weiß sie sich verloren. Denn sie will das Eine, das alles ist.

Daher darf sie nichts auslassen, was ist, nichts fallen lassen, nichts ausschließen. Sie ist als sie selbst grenzenlose Offenheit. *(VW 33 f.)*

Umkehr

Wir werden uns bewußt, die einzige Stätte in der Welt zu sein, an der Wahrheit und Wirklichkeit sich zeigen. Dies Bewußtsein lenkt uns dorthin, wo Existenz den Ursprung, gleichsam vor Kosmos und Geschichte, erfährt. Dann sind nicht mehr Kosmos und Geschichte das Letzte, sondern das, was sich an jenem Orte der Existenz zeigt. Ein unbegreifliches Zutrauen zu dem Grunde vor der Welt macht in aller Daseinsabhängigkeit den Menschen durch seine Existenz seinem Dasein überlegen, weil anderswo geborgen. Diese Überlegenheit hat ihre Vorstufe schon dadurch, daß der Mensch von allem, was ist, das doch sich selbst nicht weiß, wissen kann. Aber die Überlegenheit bezeugt sich erst eigentlich durch die Verantwortung seiner Freiheit.

Dorthin zu gelangen, ist die Umwendung, die heute, wie von je geschehen, nun aber für den Gang der Dinge Folgen, wie noch nie, haben kann. Die Umwendung ist, unter den

Bedingungen unseres Zeitalters in neuer Erscheinung, die eigentliche große Möglichkeit. *(PGO 469)*

Das Bewußtsein der vollzogenen Umkehr bringt jederzeit zum eigentlichen Menschsein. In der Situation heute wird sie zum Ursprung der Rettung überhaupt. Sie ist die einzige alles andere in sich schließende Möglichkeit. *(PGO 470)*

Eine tiefere Umkehr wäre notwendig. Am Anfang stünde der neue überzeugende Glaube, dann erst folgte die Kalkulation unter Bedingungen dieses Glaubens. Der Glaube wäre der an die Möglichkeit von Freiheit und Gerechtigkeit, und, im Falle, daß sie für Menschen unmöglich sein sollte, der Glaube, daß es Aufgabe sei, in jedem Fall um sie zu kämpfen, um in diesem Kampf die Menschenwürde zu gewinnen. *(BRD 271)*

Siglenverzeichnis/Textnachweis

A	Antwort. Zur Kritik meiner Schrift ›Wohin treibt die Bundesrepublik?‹, München 1967.
AuP	Aneignung und Polemik. Gesammelte Reden und Aufsätze zur Geschichte der Philosophie. Hrsg. v. Hans Saner, München 1968.
AZM	Die Atombombe und die Zukunft des Menschen. Politisches Bewußtsein in unserer Zeit, München 1958; zit.: ungekürzte Sonderausgabe München 1960.
BRD	Wohin treibt die Bundesrepublik? Tatsachen, Gefahren, Chancen. München 1966; zit.: 67.–81. Tausend 1966.
ChT	Chiffren des Transzendenz. Hrsg. v. Hans Saner, München 1970.
E	Einführung in die Philosophie. Zwölf Radiovorträge, Zürich 1950; zit.: 46.–58. Tausend München 1958.
EP	Existenzphilosophie. Drei Vorlesungen gehalten am Freien Deutschen Hochstift in Frankfurt a. M. September 1937, Berlin/Leipzig 1938; zit.: 3. Aufl. Berlin 1964.
FE	Die Frage der Entmythologisierung, München 1954; zit.: Ausgabe München 1981.
FW	Freiheit und Wiedervereinigung. Über Aufgaben deutscher Politik, München 1960.
GSZ	Die geistige Situation der Zeit, Berlin 1931; zit.: Ausgabe Berlin 1965.
HS	Hoffnung und Sorge. Schriften zur deutschen Politik 1945–1965, München 1965.
KS	Kleine Schule des philosophischen Denkens, München 1965; zit.: 13.–22. Tausend München 1965.
N	Nietzsche. Einführung in das Verständnis seines Philosophierens, Berlin 1936; zit.: 3. Aufl. Berlin 1950.
NC	Nietzsche und das Christentum, Hameln 1946; zit.: Neuausgabe München 1963.
P	Philosophie. 3 Bde, Berlin 1932; zit.: 3. Aufl. Berlin/Göttingen/Heidelberg 1956.
PA	Philosophische Aufsätze, Frankfurt a. M./Hamburg 1967.

PG	Der philosophische Glaube, München 1948; zit.: 6. Aufl. München 1974.
PGcO	Der philosophische Glaube angesichts der christlichen Offenbarung. – In: Philosophie und christliche Existenz. Festschrift für Heinrich Barth zum 70. Geburtstag am 3. 2. 1960. Hrsg. von Gerhard Huber, Basel/Stuttgart 1960, pp. 1–92.
PGO	Der philosophische Glaube angesichts der Offenbarung, München 1962; zit.: 8.–13. Tausend München 1963.
Pr	Provokationen. Gespräche und Interviews. Hrsg. v. Hans Saner, München 1969.
PuW	Philosophie und Welt. Reden und Aufsätze, München 1958; zit.: 9.–11. Tausend München 1963.
PW	Psychologie der Weltanschauungen, Berlin 1919; zit.: 6. Aufl. Berlin/Heidelberg/New York 1971.
RA	Rechenschaft und Ausblick. Reden und Aufsätze, München 1951; zit.: 5.–11. Tausend München 1958.
S	Die Schuldfrage, Heidelberg 1946.
UZG	Vom Ursprung und Ziel der Geschichte, München 1949.
VE	Vernunft und Existenz. Fünf Vorlesungen, Groningen/Batavia 1935; zit.: Ausgabe München 1960.
VW	Vernunft und Widervernunft in unserer Zeit, München 1950; zit.: 6.–8. Tausend München 1952.
W	Von der Wahrheit, München 1947; zit.: 6.–10. Tausend München 1958.
WP	Weltgeschichte der Philosophie. Einleitung. Aus dem Nachlaß hrsg. von Hans Saner, München 1982.

Aus folgenden Büchern von Karl Jaspers wurden Passagen mit freundlicher Genehmigung des Verlages Walter de Gruyter (Berlin, New York) abgedruckt:

- Existenzphilosophie, 1964[3]
- Die geistige Situation der Zeit, 1965
- Nietzsche, 1950[3]

Aus folgenden Büchern von Karl Jaspers wurden Passagen mit freundlicher Genehmigung des Springer Verlages (Berlin, Heidelberg, New York) abgedruckt:

- Philosophie, 1956[3]
- Psychologie der Weltanschauungen, 1971[6]